COLLECTION MICHEL LÉVY

LES SOUFFRANCES

DU

PROFESSEUR DELTEIL

OEUVRES

DE

CHAMPFLEURY

Format grand in-18.

LES EXCENTRIQUES.	1 vol.
AVENTURES DE MADEMOISELLE MARIETTE	1 —
LE RÉALISME	1 —
CONTES VIEUX ET NOUVEAUX	1 —
LES BOURGEOIS DE MOLINCHART	1 —

CONTES POSTHUMES D'HOFFMANN (traduction) . . . . .

Paris. — Typ. Morris et Comp., rue Amelot, 64.

Moulis-Gauckler.

LES SOUFFRANCES

DU

PROFESSEUR DELTEIL

PAR

CHAMPFLEURY

PARIS

MICHEL LÉVY FRÈRES, LIBRAIRES-ÉDITEURS

RUE VIVIENNE, 2 BIS

1857

A M. EUGÈNE ARNAUDEAU

Chef de bataillon des tirailleurs algériens.

MON CHER ET ANCIEN AMI,

Si ce petit roman nous a fait retrouver après seize ans d'absence, ne t'appartenait-il pas, et pouvais-je le placer sous un plus amical patronage que le tien? Après avoir vécu quinze ans sans nous quitter, nous sommes sortis de l'enseignement universitaire sans savoir où nous conduisait la destinée. Tu as pris l'épée, et moi la plume. Tu as été jeté dans les déserts de la Kabylie, et j'ai été plongé dans la grande cuve parisienne, où on fait bouillir les hommes sous le prétexte de faire bouillir les idées.

Nous ne devions peut-être jamais nous rencontrer, et cependant les *Souffrances du professeur Delteil* ont fait que par delà les mers tu t'es demandé quel homme avait pu peindre avec une telle réalité ces souvenirs d'enfance, sinon ton ancien camarade de classe. C'est ainsi que nous nous sommes retrouvés.

Tu as appris l'art difficile de commander des hommes, moi je commence à peine à commander aux idées. Tu deviendras général, et tous t'appelleront *général*. Pour nous, il n'y a pas de hiérarchie, sauf celle que donne l'avenir, et le plus méprisable des soldats de la république des lettres a toujours le droit de nous traiter en goujat.

Un millier de lecteurs nous est aussi difficile à conquérir qu'une tribu du désert.

Malgré tout, la vie littéraire, avec son excès de liberté, laisse une indépendance précieuse qui donne à notre métier des charmes si puissants, qu'une fois enrôlé sous les drapeaux de cette république éternelle, il est rare qu'on en sorte.

J'ai retrouvé en toi, mon cher ami, un militaire intelligent, sans aucune des habitudes qu'on contracte trop souvent dans les camps.

A trente-cinq ans, j'ai revu l'enfant qui attaquait la citadelle que j'avais pour mission de défendre; tu étais le même qu'à sept ans, lorsque tu peignais des décors pour le théâtre dont j'étais l'unique auteur dramatique.

C'est ainsi que nos jeux d'enfance, de fictifs sont devenus réels, de délassements sont devenus de sérieuses occupations.

N'y a-t-il pas là-dedans des observations curieuses à tirer sur le rapport entre les jeux de l'enfance et l'influence qu'ils exercent plus tard sur l'avenir de l'homme?

Mais ceci demanderait plus de développements que n'en comporte cette préface, et je laisse à ton esprit quelque chose à brouter.

Ce roman, qui ne comporte guère que des faits, je te le donne et je le mets sous la protection de ton épée. Qu'il sorte triomphant de la mêlée comme tu l'as été jusqu'ici des engagements avec les Kabyles, et je ne lui souhaite plus que de conserver ta jeunesse et tes braves allures.

CHAMPFLEURY.

Juin 1856.

LES SOUFFRANCES

DU

PROFESSEUR DELTEIL

I

Vue de Laon au daguerréotype. — De l'enseignement primaire supérieur.—Réformes singulières apportées par la révolution de Juillet dans l'Université. — L'oreille du petit Bineau plonge un établissement dans la détresse.

Laon est une petite ville de six mille âmes qu'un rien agite. Le moindre événement, les comédiens qui viennent y passer un mois, un cirque, des marionnettes occupent démesurément les esprits de ce maigre chef-lieu, qui doit à sa position élevée sur la montagne l'honneur de primer les autres villes beaucoup plus importantes du même département. Bâtie sur le plateau d'une montagne très-élevée, la ville défie un siége redoutable, mais malheureusement elle défie les voitures d'arriver dans son sein : d'où l'absence forcée de population, qui ne saurait trouver à vivre dans la ville. Les principales têtes sont des employés du gouvernement, qui, sans les avantages attachés à leurs places par un département très-important, préféreraient vivre dans un pays sauvage plutôt que d'habiter une ville si restreinte dans ses plaisirs. Enlevez de Laon le préfet, le receveur des contributions, le receveur général, trois notaires, deux avoués, six avocats, le curé, cinq ou six nobles, qu'on rencontre rarement, et vous trouverez une population de petits marchands, cinquante employés à quinze cents francs, deux cents bourgeois à deux mille francs de rente, enfin une population tranquille dans ses habitudes, sobre dans ses plaisirs, ne pratiquant ni vices ni vertus.

A dix heures les cafés sont fermés, et celui qu'on rencontrerait dans les rues passé cette heure risquerait fort d'être signalé comme un homme de mauvaises mœurs. L'étranger qui passe par Laon et qui s'y arrête se sent pris d'un violent ennui après qu'il a traversé, en moins d'un quart d'heure, dans toute sa longueur, la grande rue qui coupe la ville en deux. On recommande naturellement aux curieux « d'aller sur les promenades; » mais une heure est bientôt passée à parcourir la double rangée de tilleuls qui servent à cacher les vieilles murailles de la ville. Le pays est beau, la campagne riche, la vue étendue; ce ne sont que vertes prairies, blonds champs de blés et jardinages bien entretenus; cependant on se sent comme exilé sur cette montagne, on s'y croit enchaîné. Il n'est pas permis, en été, de descendre la montagne sans penser à la terrible fatigue de la remontée. Un homme d'intelligence, à moins d'une force puissante, s'y éteindrait en moins de deux ans, à cause du manque de frottement, à cause du manque de passion, à cause des duels inévitables d'une telle vie, qui ne peut être défendue qu'avec une épingle pour arme.

Cependant, en 1830, Laon parut sortir de ses habitudes bourgeoises, et le réveil lui vint d'une maison morne jusque-là, qui portait sur sa façade le mot *Collegium* en gros caractères noirs. Il arriva dans la ville un homme, la figure rouge et grêlée, le sourire sûr les lèvres, plein de saluts et de sans-façons, qui traversa les rues d'un air satisfait, important, et semblait dire : La ville est à moi !

M. Tassin, nommé principal du collége communal en vertu d'un arrêté du ministre, fut plaint par les rentiers, dont l'unique occupation est d'aller sur les promenades, et qui ne trouvent pas grande distraction à rencontrer, les dimanches et les jeudis, les quatorze élèves formant tout le personnel du collége. Les quatorze élèves se divisaient en douze externes et deux pensionnaires. Malgré sa bonne volonté, le précédent principal aurait pu supprimer toute espèce de nourriture à ses deux uniques pensionnaires, qu'il n'en serait pas moins parti de la ville criblé de dettes. Les habitudes de la Restauration avaient décidé les moindres bourgeois à envoyer leurs fils au séminaire; et la jeunesse de Laon, qui aujourd'hui a acheté des études de notaire, d'avoué, qui cultive des terres comme fermiers dans les environs, qui est commerçant, employé ou qui n'est rien, passait alors par les mains des prêtres du petit séminaire de Notre-Dame-de-Liesse. Les douze externes et les deux pensionnaires du collége communal appartenaient à des parents avancés, les libéraux, admirateurs du général Foy. Les fortes têtes du pays qui recevaient le *Journal de l'Aisne*, alors petite feuille d'annonces, et qui lurent aux *nouvelles locales* la nomination de M. Tassin comme principal du collége, se dirent que le nouvel arrivé ne serait pas huit jours à Laon qu'il perdrait le parfait contentement qu'il avait montré en traversant les rues.

Cependant les maçons, les peintres et les manouvriers de la ville étaient mandés au collége pour faire des terrassements, des murs, des constructions nouvelles; Laon s'émut d'une telle audace, car les bâtiments, qui proviennent d'un ancien couvent, étaient dix fois trop grands pour les quatorze élèves. M. Tassin ne laissa pas longtemps les provinciaux dans l'ignorance, il fit courir des prospectus de deux petites pages, grosses d'événements. Par ce prospectus, qui indiquait les prix nouveaux, le principal annonçait des leçons de musique, d'armes, de langue étrangère. Ce qui frappa le plus fut un décret rendu par M. Tassin, relativement à l'uniforme des élèves. Les pensionnaires devaient porter constamment l'uniforme, en classe et en promenade; petite tenue dans la semaine, grande tenue les jours de sortie. Les externes étaient également forcés d'endosser l'uniforme les jours de promenade.

Ce fut un coup d'État dans la ville de Laon : les uns blâmaient et les autres approuvaient; les vieillards ne se rappelaient pas avoir, même dans les souvenirs de la république, entendu parler de soumettre au régime militaire des enfants de huit ans, car les études latines pouvaient commencer à l'âge de huit ans. Si un rare élève d'une école militaire amenait la curiosité dans la ville quand, revêtu de son uniforme, il se promenait dans les rues à l'époque des vacances, on se doute de la révolution que causa le prospectus de M. Tassin.

Au bout de trois mois, le principal sortit à la tête de quinze pensionnaires en frac bleu, à collet et parements bleu de ciel ; la cloche à incendie de la cathédrale ne provoque pas plus de remue-ménage la nuit que le tambour de la garde nationale à la tête de ces jeunes gens, les menant bravement au bas de la montagne. M. Tassin était rayonnant ; le contentement était tapi dans tous les trous de petite vérole de sa figure. Ce n'était plus là un principal, c'était un militaire; il avait en lui quelque chose de l'orgueil du général qui a remporté une grande victoire. Il se tenait droit dans son habit noir et sa cravate blanche et marchait au pas avec l'assurance d'un caporal qui aurait pris les habits d'un avoué. Les quinze pensionnaires semblaient représenter un fort beau bataillon à l'imagination du principal. Il sortit du collége en passant par une promenade qui s'appelle la Plaine, faisant exprès un détour dans l'intention de traverser la ville entière. Les polissons qui baguenaudent sur les remparts marchèrent immédiatement à la suite du tambour; l'effet ne fut pas immédiat, car la rue du Cloître, composée de bourgeois riches, cache sa curiosité avec astuce. Cependant, certains rideaux, tirés par un petit coin aux fenêtres du rez-de-chaussée, montrèrent à M. Tassin qu'il était remarqué ; pour ce public mystérieux, le principal déploya son activité, marchant tantôt en avant du tambour, tantôt sur le flanc de son régiment, de là passant à l'arrière-garde en faisant sonner le pas avec rectitude sur les pavés, pour le bien faire comprendre à ses élèves.

A la place du Marché-aux-Herbes, tous les boutiquiers sortirent étonnés, souriant, regardant dans le plus profond étonnement. La meilleure pratique n'eût pas réussi à se faire servir une once de café pendant le passage des collégiens sur la place. Des rues transversales s'élançaient nombre de personnes que le bruit du tambour chassait de leur travail; la rue Châtelaine, assez étroite, fût bientôt remplie de curieux qui se séparaient en trois classes bien distinctes : ceux qui stationnaient sur le pas des portes, ceux qui suivaient le collége, et ceux qui couraient en avant annoncer la grande nouvelle à leurs parents et à leurs amis. Aussi la place du Bourg était-elle échelonnée de curieux bien avant qu'on n'entendît le bruit du tambour, et l'admiration fut unanime pendant le long trajet de la rue Saint-Jean, qui conduit à la porte de Semilly.

Cette exhibition, si simple en apparence, eut un succès que l'auteur lui-même n'avait osé espérer; au bout de quinze jours, vingt-cinq parents d'externes se décidèrent à mettre leurs fils en uniforme, quoique la dépense fût énorme. Il n'était plus permis, comme avant, de décrocher de l'armoire les vieux pantalons et les vieilles redingotes pour en faire des habits neufs aux enfants; cependant, on vit de modestes employés à huit cents francs se montrer les plus enragés auprès des tailleurs de la ville pour les presser de confectionner l'habillement militaire de leurs enfants. Il est vrai que sous cette dépense exagérée, les bourgeois trouvaient encore leur compte d'économie. Les habits de grande toilette n'existaient plus pour leurs fils ; que ce fût grande fête ou vacances, qu'il y eût soirée ou dîner de famille, le collégien ne quittait plus son habit de drap bleu de ciel. La casquette d'uniforme interdisait toute relation avec le chapeau, meuble particulier, le seul peut-être qu'il est difficile de transmettre à un fils chéri.

La fameuse promenade militaire envoya le son du tambour à deux lieues à la ronde, dans les alentours, qui sont pleins de riches fermes. Le nombre des fermiers qui envoyèrent leurs fils chez M. Tassin fut assez grand pour qu'à la fin de l'année le principal pût additionner combien lui avaient rapporté trente-sept pensionnaires. La prodigieuse habileté du principal passa en proverbe chez les bourgeois de Laon, qui ne se rendaient pas compte du mouvement nouveau que venait de donner à l'instruction la révolution de Juillet. Avec dix fois plus d'habileté, M. Tassin n'eût pas ramassé dix pensionnaires sous la restauration.

A quelques pas du collége, près de la Manutention, se trouve l'école primaire de M. Tanton, qui perdit beaucoup à cette concurrence. Jusqu'alors on laissait les garçons apprendre le français, l'orthographe, l'écriture, les quatre règles jusqu'à l'âge de quinze ans, époque à laquelle ils sortaient, soit pour prendre un état, soit pour entrer dans les administrations; ceux qu'on destinait à apprendre le latin n'entraient guère au petit séminaire qu'à l'âge de douze ans. Mais le fameux prospectus, l'uniforme, surtout le tambour, ruinèrent M. Tanton dans l'esprit de ses concitoyens.

Sa manière d'enseigner prit la proportion de crimes violents. La fameuse latte dont il se servait pour corriger les enfants paresseux fut opposée au tambour qui menait si bien les élèves au pas. Chacun voulut faire apprendre le latin à son fils : ouvriers et bourgeois. D'ailleurs, le conseil municipal avait créé douze demi-bourses d'externes qui permettaient aux employés les moins fortunés d'envoyer leurs fils au collége.

Comment M. Tanton pouvait-il lutter avec M. Tassin? M. Tanton n'avait en sa faveur qu'une belle main, au figuré seulement. Il écrivait l'anglaise comme pas un; sans doute son écriture était moulée; mais il n'avait ni la belle prestance de M. Tassin, ni les bonnes manières, ni l'air caressant, ni l'orgueil de soi-même. Au physique, M. Tanton était un gros homme, à la mine brutale et renfrognée, précédé d'un ventre énorme, habillé d'une grande houppelande noire qui n'avait pas plus de rapport avec la brosse que les cheveux du maître avec le peigne. Des manches de la houppelande sortaient des mains singulières pour les admirateurs de la calligraphie : les deux mains de M. Tanton étaient deux moignons, deux mains mal venues et imparfaites d'où seulement le pouce était sorti; pourtant, quand la plume était saisie par le pouce, elle obéissait plus à ce seul maître qu'à cinq dictateurs; elle se lançait dans mille traits capricieux, elle exécutait des pleins et des déliés parfaits, prodige d'étonnement. M. Tanton avait de la difficulté à saisir les objets, mais quand il les tenait, il les tenait bien, témoin l'oreille du petit Bineau, qui faillit un moment quitter son propriétaire.

L'oreille du petit Bineau joua un mauvais tour à

M. Tanton, trop partisan des anciennes doctrines d'enseignement. Le petit Bineau, fils de M. Bineau, chef de bureau à la préfecture, exagéra nécessairement les traitements dont il avait été victime. Châtié pour avoir été surpris pissant dans les quinquets, le petit Bineau ne voulut pas avouer son crime; il fut reçu comme un martyr par madame Bineau, qui quitta son pot-au-feu pour l'aller dire à son mari; le chef de bureau laissa sa correspondance et se rendit chez M. Tanton. Le maître d'écriture était d'une humeur exécrable, agacé par des roulements de tambour qui duraient depuis deux heures sur les remparts, derrière sa maison; de plus, il avait surpris deux de ses anciens élèves plongés dans la plus profonde étude de la caisse sous la direction du tambour de la garde nationale, attaché au collége. M. Tassin avait débauché ces deux élèves de la pension Tanton en leur donnant une bourse entière et un uniforme, à la condition qu'ils marcheraient désormais en tête de ses pensionnaires en qualité de tambours.

« Qui vous a permis de mutiler ainsi Louis? s'écria M. Bineau en apercevant le maître de pension.

— Eh! monsieur, savez-vous ce qu'il a fait? demanda M. Tanton.

— Il n'a rien fait qui puisse mériter un pareil traitement, mon pauvre enfant, si doux, si gentil!

— On ne peut même pas répéter ce qu'il a fait dans les quinquets.... un enfant capable d'inventer de pareils tours doit être corrigé sévèrement.

— Vous n'en avez pas le droit, dit M. Bineau; si vous voyiez sa mère toute en larmes, vous rougiriez de votre brutalité.

— Les mères n'ont rien à voir dans les écoles, dit M. Tanton ; j'en ai connu qui pleuraient avec leurs garçons pour quelques petits coups de palette que je leur avais donnés sur les ongles ; les enfants allaient se plaindre de moi, elles croyaient leurs mensonges. Et celles qui étaient les plus acharnées contre moi en me ramenant les enfants, les fouettaient devant moi quand je leur avais dit la vérité.

— On n'enseigne pas avec des coups, dit M. Bineau ; Louis ne sait rien, qu'est-ce que vous lui avez appris ?

— Je crois bien, dit le professeur d'écriture, qu'il ne sait rien ; il passe son temps à mettre mon école sens dessus dessous, jamais on n'a vu un enragé pareil......

— Oh ! s'écria M. Bineau, la douceur même que mon petit Louis !

— Il faut qu'il soit diablement hypocrite chez vous, dit M. Tanton.

— Peut-on juger aussi mal un enfant ! parce que vous l'abrutissez par vos coups quand il fallait le prendre par la douceur.

— Je voudrais vous voir le surprendre dans votre salon faisant dans votre lampe ce qu'il faisait dans mes quinquets.

—Allons donc, monsieur Tanton ! cela est impossible, Louis est trop bien élevé pour commettre de pareilles sottises. Il tient de sa mère, et vous pensez si elle lui a appris de pareilles choses ; moi-même dans mes folies de jeune homme j'aurais rougi d'une semblable lâcheté... Qu'un mauvais garnement, et il n'en manque pas dans votre pension, se livre à de tels actes, je le comprends ; les enfants de gens sans éducation ne respectent rien, mais mon fils! c'est m'insulter moi-même que de supposer qu'il se soit rendu coupable de ce dont vous l'accusez. Vous dites qu'il n'apprend rien, et je peux vous citer des preuves du contraire ; je le vois à la maison prendre ses leçons de musique. Il comprend tout, son professeur en est émerveillé, il me le disait hier encore : il est capable d'entrer au Conservatoire. Jamais son professeur ne lui a donné le plus petit coup d'archet, d'ailleurs, madame Bineau ne le souffrirait pas ; mais encore, il n'y a pas besoin de lui dire un mot plus haut que l'autre, son maître est la douceur même.

— D'après ce que je vois, dit M. Tanton, ce n'est pas le même Bineau qui vient à la maison ; celui que je connais est un diable, un enragé qui ferait damner la sainte Vierge. Savez-vous, monsieur, ce qu'il a fait il y a huit jours en compagnie de son ami Canivet, un de ses inséparables? Ils ont pris en grippe mon fils Charles, qui est doux comme un mouton ; je ne sais pas ce qu'ils ont contre lui, toujours est-il qu'ils lui font souffrir le martyre. Dans toutes leurs parties ils le prennent pour le bœuf, ils le battent, ils le maltraitent. La semaine passée, mon fils Charles va pour se coucher dans son lit, qui est auprès de la cuisine. Plus de lit, monsieur Bineau ! ni matelas, ni traversin, ni oreiller, ni couvertures, ni paillasse, ni lit de sangles. J'entends crier : « Maman, mon lit! je ne trouve plus mon lit! » C'était mon fils qui se désolait à raison de la disparition de son lit : cela se comprend, les enfants aiment à dormir. Une pareille chose tenait du prodige ; madame Tanton croyait à de la sorcellerie, moi, plus raisonnablement, à des voleurs. Cependant il était impossible que quelqu'un eût fait sortir de la maison un lit garni sans être aperçu de quelqu'un. J'entrai au réfectoire, où mes pensionnaires soupaient. « Messieurs, leur dis-je, le lit de Charles a disparu subitement. » Mes élèves se mirent tous à rire. Cette joie me donna l'idée qu'un complot existait parmi mes élèves et que les coupables étaient nombreux. « Je vous avertis, leur dis-je, que celui qui aura encore une fois l'insolence de rire quand je parle me conjuguera cinq cents fois le verbe *j'aime à rire.* » Ils redevinrent tranquilles, et je leur demandai si une figure étrangère n'avait pas été aperçue soit dans les bâtiments, soit dans les cours. » Ils répondirent qu'ils n'avaient rien vu. Je leur donnai une heure après le souper pour retrouver le lit, qui ne pouvait être perdu. Monsieur Bineau, le lit était au grenier, et c'était votre fils, aidé de Canivet, qui l'y avait porté !

— C'est trop fort, dit M. Bineau. Et vous me croyez capable d'ajouter foi à de tels faits !... D'abord, Louis est délicat, son ami Canivet également, jamais ils n'auraient pu porter des matelas et tout le reste au grenier.

— C'est bien ce qui m'étonne, dit M. Tanton ; ces deux êtres-là, monsieur votre fils et Canivet, ne sont pas plus solides qu'une allumette ; mais quand ils sont dans leurs farces, ils transporteraient des montagnes. On n'en voit pas souvent de pareils, Dieu merci !

— Je me demande, dit M. Bineau, comment la découverte du lit dans le grenier a pu faire accuser mon fils et son petit camarade Canivet.

— Ah ! voilà : j'ai mis le lendemain toute la pension aux arrêts jusqu'à ce que le coupable fût découvert, et les innocents ont bien vite dénoncé les deux coupables.

— Mon fils est si gentil, dit M. Bineau, qu'il aura voulu tout prendre sur sa tête.

— Voilà bien les pères ! La cuisinière s'est rappelé l'avoir vu fureter toute la journée dans la cuisine : il faisait ses combinaisons. Je n'ai pas voulu vous en parler d'abord pour vous tracasser inutilement ; mais aujourd'hui, après l'aventure du quinquet, il est impossible de laisser passer un attentat sans punition, car c'est un attentat.

— Soyez tranquille, monsieur Tanton, cela n'arrivera plus désormais.

— A la bonne heure, dit le maître d'écriture ; vous avez parlé fermement à M. Louis.

— Je ne lui ai rien dit, mais soyez certain que de pareils faits ne se renouvelleront plus dans votre école. Mon parti est pris, mon fils entrera demain au collége.

— Au collége ! s'écria M. Tanton.

— Au collége, c'est irrévocable.

— Eh bien, dit M. Tanton, tant que M. Tassin ne m'enlèvera que des élèves comme M. Louis, je ne m'en plaindrai pas.

— Vous avez donc des enfants plus intelligents dont vous puissiez vous honorer ? dit M. Bineau piqué.

— Certainement, dit M. Tanton, j'ai des enfants de pauvres gens du faubourg qui valent mieux que certains fils de famille.

— Gardez donc avec soin vos faubouriens, monsieur Tanton, car je vous assure que les bonnes familles de Laon ne laisseront pas longtemps leurs fils étudier l'écriture.

— Méprisez la calligraphie, dit M. Tanton, et cependant vous n'avez pas un de vos employés de bureaux qui n'ait passé par mes mains. Et puisque vous me forcez à tout dire, je plains les parents de M. Louis. Il a l'intelligence du mal et il le raisonne; quand vous le croyez sage, pas du tout, il combine quelque nouveau tour. Vous vous souviendrez, peut-être quand il ne sera plus temps, monsieur Bineau, de ce que je vous dis aujourd'hui. »

Cet entretien, qui blessa profondément M. Bineau, coûta près de sept externes à M. Tanton. M. Canivet, le juge d'instruction, prit le parti du chef de bureau, et envoya son fils au collége, afin de ne pas le séparer du petit Bineau; le sous-chef du bureau de M. Bineau, un expéditionnaire, crurent prudent d'imiter la conduite de leur supérieur. Pendant les deux mois qui séparaient des vacances, M. Bineau travailla de ses pieds et de ses mains contre l'école Tanton. Il le présentait faisant valoir les gens du peuple au préjudice des bourgeois et favorisant les faubouriens, ce qui, disait-il, était une preuve de la basse extraction de M. Tanton. De son côté, M. Tassin ne se laissait pas endormir par le succès : chaque jour voyait une amélioration dans le collége. Les deux boursiers, fils de manouvriers, après avoir suivi pendant un mois l'école des tambours, acquirent une prodigieuse exécution sur la peau d'âne; ils battaient le pas redoublé comme des tambours de vétérans et remplissaient les rues de leurs accents.

Au mois de septembre, pendant les vacances, les quelques musiciens amateurs de la ville reçurent la visite d'un homme déjà âgé, grand et bien bâti, les yeux couverts d'épais sourcils gris, coiffé d'un chapeau bas à larges ailes, de la rondeur dans les manières, l'air brusque et bon à la fois, la tournure d'un artiste fatigué de la vie de Paris après y avoir vieilli. M. Ducrocq se présentait aux amateurs comme ancien chef d'orchestre du Cirque, mandé au collége pour y donner des leçons de musique, et trop heureux pour servir d'aide à ses confrères s'ils voulaient bien l'admettre dans leurs réunions musicales. M. Ducrocq arrivait à point; la dernière société philharmonique de Laon venait de tomber et était allée rejoindre ses sœurs décédées. Car on n'eut jamais d'exemple dans la ville d'une société de musiciens durant plus d'une année. La petite quantité d'instrumentistes, leur immense amour-propre, leur déplorable faiblesse en faisaient des êtres ridicules, le premier moment d'ardeur passé. Personne ne pouvait gouverner ces tristes musiciens qui auraient pu prendre des leçons au Caveau des aveugles. Le maître de musique le plus sérieux de la ville était un artiste paresseux, fréquenteur de cafés, oubliant dans les charmes d'une partie de billard ses élèves qui l'attendaient en vain ; un autre, le professeur du petit Bineau, était cité par sa grande douceur envers les élèves, ses manières polies, et applaudissant à chaque note fausse qu'ils faisaient. — Le troisième maître de musique touchait à la décadence ; il ne faisait que dormir; par une faculté inexplicable, le père Pollet tenait une partie d'alto dans les quintettes d'amateurs et jouait machinalement, quoiqu'il fût plongé dans un demi-sommeil.

M. Ducrocq, avec sa haute taille, ses épais sourcils, une certaine tournure militaire qu'il avait gardée de son séjour au régiment comme chef trompette, parut aux amateurs de la ville un Jupiter qui allait enfin gouverner comme il convenait des musiciens ingouvernables. Sa mine réussit par le mélange de bonhomie et d'autorité qui se faisait voir dans ses rares paroles, et le bénéfice de cette trouvaille revint à l'habile principal du collége. Aussitôt la rentrée des élèves, on institua une sonnerie mélangée de trompettes de cavalerie et de trompettes à clef, qui étaient alors une nouveauté. Le petit Bineau entra dans la fanfare en qualité de corniste; les élèves musiciens y mettaient une ardeur sans pareille; et quand la sonnerie fut renforcée d'un trombonne, d'un ophicléide joué par un professeur du collége, la musique de la garde nationale n'eut plus qu'à se voiler la face de honte.

En deux mois, avec douze bambins, n'ayant pour toute ressource que des instruments de cuivre, M. Ducrocq avait réussi à surpasser en bruit la grosse caisse, les cymbales, les chapeaux chinois et la caisse roulante de la musique des gardes nationaux. Cela fut remarqué à une revue officielle pour laquelle M. Tassin avait obtenu que ses collégiens paraderaient à la suite de la garde civique. Les collégiens firent des évolutions avec autant d'ensemble que la fameuse compagnie de voltigeurs commandée par le capitaine Maillefer.

Entre autres innovations dues à l'esprit inventif de M. Tassin, les bourgeois de la ville furent renversés par l'apparition de grands chapeaux à cornes qui servirent de coiffure aux collégiens, depuis les grands jusqu'aux petits, depuis les élèves de philosophie jusqu'aux élèves de huitième. Les chapeaux à cornes, exécutés dans le plus grand mystère par le chapelier Vinson, obtinrent les honneurs de la revue. Le commandant de la garde nationale et le préfet complimentèrent M. Tassin sur l'excellente tenue de ses élèves; et le principal, dans l'ivresse de sa joie, ne crut pas se rabaisser en se posant en tambour-major. Car il marchait devant ses tambours, n'ayant pas de plumet, mais peut-être plus fier encore; il marquait la mesure de ses bras, et faisait les mille momeries qui semblaient jusqu'alors ne pouvoir être exécutées que par la haute canne à glands à tête d'argent.

Le résultat de cette parade fut que M. Tassin obtint l'autorisation de se servir de vieux mousquets qui se rouillaient dans les caves de la mairie et d'en armer une vingtaine des élèves les plus grands. Le service militaire tint alors une grande place dans le système universitaire de M. Tassin; c'étaient à tout moment des exercices au mousquet, commandés par un vétéran, de nouveaux tambours qu'on dressait, des répétitions de fanfares particulières et générales. Le collége, qui est situé aux environs de la citadelle depuis longtemps abandonnée, put faire croire à une ville de guerre remplie de troupes.

II

Essai sur la nourriture la plus favorable à la santé des vers à soie. — Question à poser à l'Académie des Sciences : ***Les séminaires, colléges, pensions, sont-ils utiles à la fabrication de la soie et ne causent-ils pas de dommages aux manufactures spéciales?***

Le petit Bineau, n'ayant rien appris chez M. Tanton, fut obligé de passer par la classe de huitième, qui est comme une continuation des études françaises et un dérouillement des premiers éléments de latinité. Il eut pour camarades de classe son intime ami Canivet, Théodore Lagache, son cousin, Larmuzeaux, fils d'un fermier des environs, Dodin, le fils naturel d'une couturière de Laon, Robert et Cucquigny. A eux sept, sans s'être jamais entendus, ils formèrent un groupe dans lequel chacun des sept péchés capitaux était représenté. Dodin était spécialement chargé de s'introduire chez les pâtissiers de la ville et d'enlever des gâteaux formidables, pendant que le pâtissier était occupé à répondre à des collégiens qui marchandaient diverses friandises à la fois. Il découvrait les meilleurs enclos, les jardinages les plus éloignés, les champs les mieux fournis, les pommiers les plus sucrés, après quoi la bande, sous sa direction, s'abattait sur un endroit, et laissait des traces de son passage non moins terribles que si une bande de cosaques y eût séjourné. Pommes, poires, noix, œufs, œillettes, artichauts, prunes, enfin tous les fruits du pays étaient étalés sur un mouchoir dans des grottes de la montagne et fournissaient à la bande un repas qui semblait approuvé du ciel, car aucun ne se plaignit jamais d'indigestions violentes.

Jean Larmuzeaux, né à Sissonne, semblait avoir été créé pour divertir ses compagnons. Triste, pâle, grand nez, petits yeux, on était toujours pris d'envie de le saisir par ses deux larges oreilles, blanches et plates comme une feuille de papier. C'étaient deux oreilles qu'on avait oublié d'ourler, et bien certainement, s'il eût vécu, un employé n'aurait pas manqué d'inscrire sur son passe-port ces oreilles, à l'article des signes particuliers.

Cucquigny devint le peintre de fresques du collége. Il regardait un mur blanc comme une toile qu'on venait de lui préparer, et, saisissant un charbon ou un crayon, il couvrait le mur de ses improvisations naïves. Canivet était un constructeur et ne pouvait se séparer de Bineau le destructeur. Théodore Lagache avait le génie de la serrurerie, des fausses clefs, uniquement dans l'intention de sonder les mystères des pupitres du collége; il était industriel et industrieux. Le collége de Laon lui dut l'introduction des vers à soie; cependant rien ne témoigne aujourd'hui qu'il fut l'importateur d'animaux si utiles.

Lui et Bineau se lancèrent avec acharnement dans l'élevage des vers à soie. Quand Lagache apporta à son cousin une feuille de papier sur laquelle de petits œufs étaient attachés, Bineau ne fit pas grande attention à ce cadeau.

« Surtout garde-les bien, dit Lagache, qui avait le génie commercial. »

Effectivement, à la belle saison, Bineau fut tout surpris, en ouvrant par hasard la boîte qui renfermait ses œufs, de voir que les vers commençaient à passer la tête au dehors de leur enveloppe.

« Ne manque pas de demander à ta mère des feuilles de choux extrêmement tendres, dit Lagache, qui était demi-pensionnaire et qui ne pouvait sortir du collége avec la facilité de son cousin ; tu prendras les feuilles près du cœur, nous serons bien heureux si ça ne donne pas la colique aux vers à soie. Il nous faudrait du mûrier ; je n'en connais que deux dans la ville, il y en a un impossible ; mais l'autre est dans le jardin du père Robertant.

— Nous aurons la permission par Robert, dit Bineau, quoiqu'on dise que son père soit fièrement avare. »

Cette conversation se passant pendant la classe, il était difficile de traiter directement la question d'alimentation des vers à soie ; Lagache écrivit sur un petit morceau de papier :

« Les mûriers sont-ils en fleurs ? »

Il le roula longtemps dans ses doigts, en fit une boule, au moyen d'un petit tube en plume qu'il portait toujours comme une arme agressive, et envoya le billet sur le nez de Robert, qui paraissait fort occupé à étudier sa leçon. Robert releva la tête et chercha d'un œil irrité l'ennemi qui venait de l'attaquer ; mais un signe imperceptible de Bineau l'avertit que le projectile n'annonçait aucune hostilité. Il chercha des yeux la boule, qui, après l'avoir atteint, était allée rouler sous la chaire du maître d'études.

« Monsieur, dit-il, auriez-vous la bonté de me tailler une plume?

— Est-ce que vous n'êtes pas assez grand pour tailler votre plume vous-même? dit le maître d'études impatienté d'avoir été dérangé dans la lecture d'un roman.

— Monsieur, c'est que j'ai oublié mon canif.

— Alors, prenez le mien et rapportez-le.

— Monsieur, je vous le rends à l'instant. »

Robert ne savait comment faire pour se baisser et atteindre la boule qui pouvait avoir roulé assez loin sous la chaire. Il hésita un moment et resta près de la chaire, fort occupé en apparence à tailler sa plume. Quand il eut fini, il rendit le canif et se précipita hardiment sous la chaire.

« Qu'est-ce que vous faites là, monsieur Robert? demanda le maître d'études.

— Monsieur, dit celui-ci en reparaissant la figure rouge, je ramasse la graisse de la plume neuve pour la manger, on dit que ça donne de la mémoire.

— Allez à votre place, imbécile. »

Avec la rapidité du système télégraphique, la correspondance suivante s'établit par le moyen des petits tubes de plumes et des boulettes de papier entre Robert, Lagache et Bineau. Robert répondait à la question : les mûriers sont-ils en fleurs? par ces mots :

« A peine si les fleurs commencent. »

Bineau écrivit :

« Peut-on avoir des feuilles ?

— Papa ne veut pas, répondit Robert.

— Tu peux bien en prendre, disait Lagache.

— Non, répondait Robert, on ne me laisse jamais seul dans le jardin.

— Bah ! dit Bineau à son ami Lagache, ça ne fait rien, puisque j'apporterai des feuilles de choux.

— Est-ce que tu t'y connais ? les feuilles de choux sont bonnes tout au plus pendant huit jours ; mais les vers à soie ne peuvent pas se passer de mûrier, ils ne vivraient pas. »

Pendant la récréation la bande s'étendit sur la grave question des vers à soie ; Lagache en avait beaucoup trop pour pouvoir les élever dans son pupitre ; il fut convenu que chacun des camarades leur donnerait asile pendant un certain temps, et qu'une place bien cachée leur serait réservée dans les pupitres. On devait montrer une grande prudence pendant la jeunesse des vers à soie, ne pas s'inquiéter des mystères de la nature qui allait les faire grossir tous les jours ; les nourrir avec soin et propreté, changer souvent leur nourriture, veiller à sa fraîcheur, et, malgré tout, ne pas ouvrir trop souvent le couvercle de son pupitre, car le mystère de l'éducation serait dévoilé au maître d'études, qui procéderait immédiatement à une confiscation et à un massacre général. Canivet, pour plus de prudence, donna le bon avis que chacun fît deux cachettes de vers à soie dans son pupitre ; en cas de surprise, le maître ne se douterait pas de deux retraites, il ne détruirait donc que la première.

Une huitaine se passa ainsi, Bineau fatiguant sa

mère de demandes de feuilles de choux; après quoi Lagache le prit à part :

« Robert est un lâche, dit-il, de ne pas vouloir nous donner de mûrier.

— C'est vrai, dit Bineau.

— Il en faut demain, il n'y a pas à dire; le mal que nous nous sommes donné est inutile si tu ne trouves pas de mûrier.

— J'y ai bien pensé avec Canivet, dit le petit Bineau, mais c'est impossible. Le grand mûrier du père Duplaquet est contre le mur de son jardin; quelques branches dépassent et donnent sur la rue. Nous avons envoyé des pierres dedans pendant au moins une heure, il n'en est pas tombé une feuille, c'est trop haut.

— On m'a dit, reprit Lagache, que les séminaristes en ont dans leur cour.

— Ah! ah! s'écria Bineau, mais on n'entre pas comme ça dans le séminaire.

— Les vers à soie des séminaristes doivent déjà être bien gros, dit Lagache en soupirant, on ne leur refuse rien, tandis que les nôtres sont nourris aux choux.

— Je pensais à escalader le mur du séminaire, dit Bineau, mais il n'y faut pas penser; c'est égal, je m'en irai par les remparts ce soir avec Canivet et Robert, et nous verrons.

— Robert vous gênera, c'est un capon.

— Laisse-moi faire, j'ai mon idée. »

Après la fermeture du collége, Bineau dit à Robert :

« Si nous jouions à la balle dans le dos en nous en allant pas les promenades?

— Je veux bien, » dit Robert.

La partie ne durait pas depuis cinq minutes que Canivet, qui était d'intelligence avec Bineau, se plaignit vivement de ce que la balle était trop molle. « Je viens de la recevoir, c'est comme une plume, dit-il. As-tu ta balle, Robert?

— Oui, dit celui-ci, mais c'est une balle en gomme.

— Et puis après ?

— Dame ! elle coûte cher : si vous me la perdiez ?

— Est-ce qu'on perd jamais des balles ? dit Canivet.

— Des remparts elle peut sauter sur la promenade et rouler en bas de la montagne... Une balle de douze sous, dit Robert en la tirant de sa poche pour en montrer la valeur. Bineau fit un temps de course.

— A moi ! dit-il.

— Non, non, dit Robert en remettant la balle dans sa poche, papa ne m'en rendrait pas d'autre si je la perdais.

— Je t'en réponds, dit Canivet; tu sais que j'en ai une au collége le double de grosseur de la tienne, et qui rebondit jusqu'au toit.

— Si tu as le malheur de perdre ma balle, dit Robert, tu me donnes la tienne. »

Canivet s'arrêta, fit une croix sur le pavé avec son soulier.

« J'ai fait une croix ; allons, oup ! » s'écria-t-il.

Robert, qui avait le fond du caractère méchant, et bien certain de la dureté de sa balle, la lança de toutes ses forces dans le dos de Canivet, qui n'était pas à plus de cinq pas.

— Ah ! tu m'as pris en traître ! s'écria celui-ci en feignant une grande colère; tu vas le payer; tiens, voilà pour ta balle. »

Et il la lança par-dessus le mur du séminaire.

« Bien fait! » dit Bineau.

Robert, d'abord stupéfait, fondit en larmes quand Canivet lui eut dit qu'il ne lui rendrait pas de balle à la place.

« Tu es encore bien heureux, mauvais sujet, que je ne te batte pas, après une traîtrise pareille.

— Sois sûr que je le dirai à papa, disait Robert en sanglotant contre le mur du rempart, car il ne marchait plus depuis l'accident arrivé, et il suivait dans l'air la courbe qu'avait décrite la balle de gomme.

— Et moi, dit Canivet, je montrerai ce que tu m'as fait dans le dos, je suis sûr que la place sera noire pendant huit jours. »

Le petit Bineau se posa en conciliateur.

« Allons, ne pleure pas, dit-il, elle n'est pas perdue, Canivet a eu raison de te faire peur un petit peu; nous allons demander la permission d'aller la chercher dans la cour du séminaire. »

Cette espérance fit rentrer en dedans les larmes de Robert. Et tous les trois rétrogradèrent de chemin.

« Tu es trop bon, disait Canivet, de tant te gêner pour un Robertant.

— Ne m'appelle pas comme ça, dit Robert, je le dirai à M. Tassin.

— M. Tassin se moque bien d'un Robertant, reprit Canivet.

— Bon, demain, tu verras. »

Le sobriquet de Robertant était en effet une cruelle injure, trop populaire dans la ville pour qu'elle ne fût pas connue des collégiens. M. Robert père passait pour l'homme le plus avare du département; on citait de lui des traits inouïs, entre autres celui qui le poussa à se faire faire une donation par une vieille parente au préjudice des autres héritiers. Les malins de Laon racontaient qu'au lit de mort de la vieille dame, M. Robert, toutes les fois que sa parente commençait les paroles : « Je donne à M. » il ajoutait Robert. — Ah ! oui, Robert, reprenait la vieille dame, qui n'avait plus guère connaissance. Alors M. Robert disait : « Robert... tant... » Et il inscrivait en regard la somme. On sut le fait plus tard, et l'on imagina de rapprocher le nom du mot, d'où le surnom de Robertant, qui resta jusqu'à la mort de l'avare, et dont il fit cadeau à son fils.

« Alors, reprit Canivet, puisque tu veux nous dénoncer au principal, nous n'irons pas chercher ta balle. Viens, Bineau; laissons-le tout seul.

— Je ne dirai rien, fit Robert, si vous me rendez ma balle.

— Pendant qu'il va chercher la balle dans la cour, dit Bineau à Canivet, tâche de casser une branche de mûrier, et, pour qu'on ne nous voie pas sortir avec, tu la jetteras sur les remparts, par-dessus le mur. »

Mais le complot fut déjoué par le portier du séminaire, qui non-seulement ne permit pas aux collégiens de pénétrer dans la cour, mais encore déclara qu'il ne rendrait la balle que contre deux sous. C'était la loi que subissaient également les séminaristes qui, dans l'ardeur de leur jeu, envoyaient souvent leurs balles pardessus les murs, et avaient chargé le portier de donner deux sous à chaque galopin qui les rapportait.

Bineau ne recevait deux sous que deux fois par semaine, le jeudi et le dimanche, et il les dépensait avec prodigalité les jours de sortie; il ne crut pas devoir grever sa rente en les rendant à Robert. Canivet jouissait d'un revenu égal et déployait les mêmes largesses ; le malheureux Robert fut donc privé de la fameuse balle de gomme pour avoir refusé du mûrier à ses camarades; mais il leur garda une profonde rancune. Théodore Lagache se montra fort mécontent de l'entreprise manquée.

« Les vers à soie ne viennent pas, dit-il, ils sont tristes, le chou ne leur vaut rien. »

Pendant cette journée Bineau se tint très-sage à la classe, il réfléchissait et cherchait des moyens d'arriver à la précieuse conquête des feuilles de mûrier. Sur le midi, il s'en alla seul par les promenades et s'arrêta longuement devant le grand mur du séminaire; il l'étudiait comme un architecte, et semblait atterré par la hauteur et par les tessons de verre qui empêchaient l'escalade aux plus audacieux. Il ne resta pas cinq minutes à déjeuner, et repartit immédiatement sur les remparts, où de grandes méditations l'appelaient. Il était une heure, c'est l'époque du déjeuner de tous les écoliers, des apprentis ; une douzaine de gamins fort industrieux se tenaient devant le mur du séminaire, disposés à gagner la prime habituelle payée par le portier. A peine Bineau fut-il arrivé près du groupe, qu'une balle, lancée maladroitement par un séminariste, vint tomber justement sur le rempart; il se fit un combat merveilleux à coups de poing, à coups de pied, entre les galopins qui se poussaient et se renversaient pour gagner les deux sous promis. Le combat n'était pas terminé, que Bineau entendit avec surprise une voix sortant du mur qui criait : « Trois sous tout de suite. » Alors, il remarqua qu'un petit moellon avait été enlevé, comme par enchantement, du mur, et que, par ce judas très-étroit, les élèves du séminaire pouvaient communiquer directement avec les ramasseurs de balles. Le marché fut conclu immédiatement : les trois sous furent échangés contre la balle, et le moellon reprit sa place, entouré de ses confrères. Les séminaristes avaient un double avantage à traiter immédiatement avec l'ennemi : leur partie n'était pas interrompue, et ils gagnaient au marché, car le portier exigeait de son côté une prime égale à celle qu'il payait aux gamins de la ville. La moindre balle perdue revenait ainsi à quatre ou cinq sous par le canal du portier, tandis que moyennant trois sous (à moins d'une balle de haute valeur) le propriétaire rentrait immédiatement dans sa propriété.

Bineau s'en revint fort content de n'avoir pas perdu son temps en vaines contemplations. Il conta à Lagache ce qu'il avait vu.

« Quel malheur, dit-il, que je ne sois pas assez maigre pour passer par le trou du mur! comme je t'en rapporterais du mûrier!

— Tu aurais le courage de pénétrer le soir dans la cour du séminaire? dit Lagache.

— Certainement, dit Bineau, et je réponds de Canivet, car il nous faudrait être deux pour le moins.

— Il n'y a qu'à agrandir le trou, dit Lagache.

— Mais, il faut des outils.

— Ce soir, tu en auras; je ne te recommande qu'une

chose, c'est de couper dans le bois, pendant la promenade, deux forts bâtons qui puissent servir de levier; moi, j'aurai des outils..»

La conversation aurait pu durer longtemps, mais les deux amis entendirent un roulement de tambour qui annonçait aux élèves de se préparer pour le défilé.

« Oh! là, dit Bineau, je suis en retard, je n'ai pas mon cor. »

Il courut vers la salle des instruments décrocher le cor; et, en moins de cinq minutes, il arriva tout enharnaché, avec ses tons de rechange autour du cou, auprès de M. Ducrocq, qui soufflait de toutes ses forces dans sa petite clarinette, et qui en tirait des sons aigus pour le prévenir.

« Le voilà! voilà Bineau, » dirent les musiciens enchantés de revoir leur confrère en musique; car Bineau était un des plus sérieux instrumentistes de la fanfare. Une fois couvert du grand chapeau à cornes, son cor sous le bras, sa giberne de musicien au côté, le petit Bineau devenait un être sérieux et positif, ne connaissant plus les farces. M. Ducrocq le citait comme modèle aux musiciens, et ne le traitait pas avec la dureté qu'il apportait dans les leçons d'instruments des autres collégiens.

« Qu'est-ce que vous faisiez donc, petit drôle? demanda M. Tassin, qui pinça amicalement l'oreille de Bineau aussitôt qu'il l'aperçut.

— Monsieur, je ne trouvais pas mon embouchure.

— Alors, il n'y a rien à dire... Monsieur Ducrocq, sommes-nous prêts?

— Tout à vous, monsieur Tassin.

— En marche, alors. »

Le bois du Sauvoir, où se rendait deux fois la semaine le collége, est situé à une demi-lieue de Laon; on y arrive en moins de vingt-cinq minutes par une descente qui donne sur la promenade, en face le lavoir. Ce chemin, dit de la Sablière, est creusé entre deux montagnes pleines de sinuosités ou de caprices; c'est un grand zigzag sauvage, rempli de grottes, que les bourgeois de la ville n'ont pas encore converti en jardins. On peut en abréger encore le parcours en descendant audacieusement une grande montagne de sable qui forme presque un angle droit avec le sol; mais c'est un chemin de chèvre, chéri des enfants, et que M. Tassin avait défendu, non à cause du danger, mais parce qu'il ne permettait pas à son bataillon de traverser la ville; il préférait descendre par la porte Luceau et étaler ses compagnies de collégiens dans la grande montagne de Vaux, faire résonner ses tambours dans les échos de la montagne, et faire admirer les évolutions militaires de ses élèves par les rentiers qui se promènent sous les tilleuls. Le chemin était allongé d'un quart de lieue, mais l'effet produit. Le but de la promenade était le bois du Sauvoir, appartenant à la ville, que les collégiens ne traitaient pas avec grand respect, y introduisant des constructions de fantaisie qui faisaient le plus grand tort aux arbres, et détruisant sans respect tous les nids des environs. A une portée du bois se trouve la ferme du Sauvoir, où, moyennant un sou, chacun buvait, avec l'avidité de la jeunesse, des flots de lait nouvellement trait. Tous apportaient un morceau de pain dans la poche; et les heureux rentiers qui touchaient l'énorme somme de dix sous par semaine, se régalaient à la ferme, tandis que ceux qui n'avaient aucun revenu trouvaient abondamment dans la maraude de quoi satisfaire leurs appétits insatiables.

Lagache profita du commandement : Rompez les rangs! pour se sauver à toutes jambes dans la campagne, ne tenant compte ni des prés ensemencés, ni des champs, sautant par-dessus les fossés, et ne quittant pas des yeux la vieille cathédrale qui s'élance, avec son clocher pointu, dans les nuages. En moins d'un quart d'heure il était à Laon et pénétrait dans le collége en escaladant un petit mur qui donne sur les remparts. Connaissant les habitudes de la maison, il ne craignait pas d'être surpris. Il entra dans la salle d'études et courut à son pupitre. Dans le pupitre était un matériel de clefs tel qu'on se serait cru dans une boutique de serrurier. Lagache prit les clefs et marcha hardiment au pupitre du plus riche pensionnaire. Il le secoua pour se rendre compte de ce qui pouvait y être inclus ; le pupitre rendit un son de ferraille. Un éclair de joie passa sur la figure de Lagache; malheureusement, après avoir essayé toutes les clefs, il se trouva dans l'impuissance d'ouvrir le cadenas. Il essaya de le tourner dans les pitons, le cadenas résistait : il tenta de le faire sauter à coups de talon, mais son pied attrapait le bois du pupitre et faisait retentir les hautes voûtes de la salle. Lagache tressaillit tout à coup, car il venait d'entendre des pas dans l'escalier; d'un coup d'œil il chercha un moyen de fuite et s'aperçut qu'elle était impossible.

Se jugeant perdu, Lagache essaya d'un dernier

moyen : il souleva la chaire, dont l'entrée était très-étroite, et la laissa retomber sur lui, pris comme dans une ratière. Ce coup désespéré le sauva. Le portier, qui balayait à l'étage supérieur, avait entendu du bruit au-dessous et venait s'inquiéter de ce qui se passait. Il regarda dans la salle, n'y trouva aucun désordre, et ne se douta pas un instant que quelqu'un pût se cacher sous la chaire, tant l'espace était étroit, le meuble lourd, l'entreprise insensée. Cependant, il jugea prudent de fermer la porte à double tour. Lagache se trouvait enfermé doublement : sous la chaire et dans la salle. Dans cette triste situation, il réfléchit qu'il aurait mieux valu pour lui rester au bois, à jouer aux barres, à boire du lait, à grimper aux arbres, et le remords le prit un peu tardivement de sa tentative d'effraction. Il commença à maudire les vers à soie qui l'avaient conduit à se faire coffrer d'une façon si serrée. A peine pouvait-il remuer; sa tête touchait la terre; la peur d'être pris en flagrant délit lui avait pour ainsi dire rapetissé les membres, car il se trouvait blotti en boule sous la chaire sans pouvoir en sortir : à force d'essayer le jeu de chacun de ses membres, il parvint à glisser au dehors sa jambe gauche, et il la faisait remuer pour lui rendre de l'activité, car elle était engourdie. Son pied rencontra un obstacle léger qui remuait au gré de la jambe; il usa tellement d'adresse qu'il ramena l'obstacle sous la chaire. C'était un *Gradus ad Parnassum*. L'obstacle devient bientôt un allié; Lagache, après avoir repris courage, porta toutes ses forces dans son dos et réussit à soulever un peu la chaire; ayant trouvé à côté de lui une brique, il cala un des pieds du meuble avec le morceau de brique et jouit d'un peu plus d'espace, mais si peu qu'il fallait être dans sa position pour en comprendre la valeur. Un nouvel effort des reins lui permit de placer un second morceau de brique sous un autre pied de la chaire. Le plus difficile n'était pas de sortir de la chaire, mais d'en sortir sans la renverser; après de nouveaux efforts, Lagache introduisit le *Gradus ad Parnassum* sous un des côtés de la chaire, et avec une ruse de lutteur dégageant sa tête des étreintes de son adversaire, le prisonnier put se promener dans la salle d'études sans avoir éveillé l'attention. Ne voulant pas perdre le fruit de son emprisonnement, il retourna au pupitre dont l'ouverture le tentait, et cette fois il s'y prit plus habilement. Il tailla le bois du pupitre avec son canif, et fit tant qu'il déchaussa le piton de fer dans lequel le cadenas était accroché. L'effraction était visible, mais il ne s'en inquiétait pas, car le bénéfice de l'ouverture du pupitre lui montra un marteau, un ciseau de fer et divers instruments qui certifiaient que leur propriétaire se livrait à des travaux de menuiserie.

Avec le ciseau, Lagache dévissa facilement les vis de la serrure que le portier avait refermée, et, muni de son précieux butin, le voleur sortit aussi aisément du collége qu'il y était entré. Il mit encore moins de temps à rejoindre les collégiens qu'à s'en éloigner, car il descendit la montagne en sautant à travers les obstacles aussi brutalement qu'un rocher qui serait tombé du haut de la cathédrale. Il arriva juste au moment où on faisait l'appel.

« Tiens, dit-il à Bineau, voilà de quoi percer le mur

du séminaire ; et nous n'y manquerons pas ce soir. »

A huit heures, le crépuscule étant venu, Lagache et Bineau commencèrent à déchausser les pierres environnant le petit guichet qui servait aux transactions des balles, pendant que Canivet et Cucquigny faisaient le guet de chaque côté du rempart.

« C'est plus dur que je ne le croyais, dit Lagache à Bineau, essaye donc de faire jouer ton bâton dans le trou.

Mais le levier cassa sans ébranler les pierres. Les deux faiseurs de guet vinrent relever les travailleurs, qui se fatiguaient sans arriver à aucun résultat.

« Jamais nous n'y arriverons, dirent-ils après avoir cassé deux canifs et un couteau contre les pierres ; il faudrait une pioche.

— On y arriverait sans pioche, dit Bineau, mais cela demande de la patience.

— Peut-être huit jours de travail, dit Cucquigny. Et puis il est tard, et on me grondera chez mon oncle si je ne rentre pas.

— Alors, va-t'en, lui dit Lagache, nous n'avons plus besoin de toi, c'est impossible.

— Nous ne sommes guère malins, dit le petit Bineau ; voilà une heure que nous nous acharnons contre ce mur.... D'ailleurs, qui sait ce qui peut nous arriver de l'autre côté? on m'a dit que le portier lâchait les chiens la nuit, je ne tiens pas à être mordu, il n'y a rien à faire ici.

— Comment, tu abandonnes l'affaire? dit Lagache ; pense donc aux vers à soie qui se meurent !

— Je pense dit Bineau, qu'à dix pas d'ici il y a le

jardin du père Robertant, dans lequel il y a un mûrier, et que nous sommes fous de ne pas y avoir songé plus tôt.

— C'est pourtant vrai.

— Et le fossé? dit Canivet.

— Qu'est-ce que nous fait le fossé? n'importe qui se mettra dedans et fera la courte échelle à l'autre.

— Allons, dit Bineau, au jardin de Robertant! »

L'escalade n'était pas sans danger; le mur était encore assez élevé au-dessus du fossé; mais il formait une certaine pente; faisant partie des anciennes fortifications de la citadelle, le temps en avait chassé le mortier par endroits et formait des repères naturels pour le pied. La nuit servait à cacher le danger; tel qui n'eût pas osé y grimper le jour, pouvait tenter le soir l'escalade sans crainte. Bineau, quoique mince et petit, n'avait aucune hardiesse dans les exercices gymnastiques; il ne déployait ses jambes que dans la fuite, mais il était incapable de grimper après un arbre. Au contraire, Lagache, plus élancé, n'hésitait pas à exécuter les plans dont Bineau avait l'idée. Aidé de Canivet et de ses épaules, il disparut bientôt dans les ombres de la nuit, et l'on ne connut le résultat de son entreprise que par le bruit que firent en tombant deux énormes branches de mûrier.

« Oh! là, là! dit Bineau, c'est trop gros, on va le savoir.

— Bah! dit Canivet.

— Certainement, Robert nous dénoncera.

— Il ne sait pas que c'est nous.

— Nous avons eu tort de lui parler de mûrier depuis longtemps.

— Tiens, dit Bineau, est-ce que nous sommes les seuls à élever des vers à soie? »

Bientôt Lagache reparut sain et sauf, et le dépouillement des branches se fit en un clin d'œil; chacun fit sa provision de feuilles de mûrier, et reçut l'instruction de Lagache de se munir d'un pot rempli de sable frais, afin de conserver les feuilles dans un état convenable de verdeur.

III

Le cuisinier Dodin. — Ses inventions. — Tantoniens et Tassinistes. — Le commerce toujours voleur. — L'université fonde un prix pour l'élevage des vers à soie.

L'élevage des vers à soie continua avec un plein succès, excepté pour Dodin, qui n'avait pas obéi aux instructions de Lagache ; à tout instant il ouvrait son pupitre et passait des minutes en contemplation dans l'intérieur, soutenant le couvercle sur sa tête. Dodin avait la manie de la cuisine ; il aimait les nourritures recherchées, et passait une partie des classes à méditer des combinaisons culinaires qu'il exécutait aux heures d'études. Le fond de son pupitre était disposé avec un grand art pour la cuisine. On y voyait des provisions de pommes, de poires et de sucre, une petite bouteille de fleur d'oranger, des petits couteaux, des petites assiettes et des petites cuillères. Rien n'avait pu décider Dodin à interrompre ses opérations gastronomiques pour soigner les vers à soie, et il crut accomplir le plus grand sacrifice en retranchant un tiers de sa cuisine et en la mettant au service de ses amis. Le foyer de la cuisine de Dodin était composé de trois briques supportant un petit lampion qu'on allumait les jours de grand festin. Le lampion servait à faire bouillir les diverses combinaisons contenues dans un petit vase de fer-blanc; vers trois heures de l'après-midi la cuisine faite, Dodin sortait avec précaution la nourriture du bassin, la divisait en dix portions égales, et poussait la galanterie jusqu'à l'envoyer à ses amis sur les petits plats d'étain provenant du ménage d'une poupée.

Quoique exiguës, ces gourmandises dénotaient l'esprit inventeur de Dodin, et la boutique du fameux pâtissier suisse nouvellement établi à Laon n'eût pu offrir de gâteau luttant avec ces merveilles fortement sucrées. Le jour où la cuisine fut découverte, Dodin avait imaginé un mélange de poires coupées par morceaux, entremêlées de chapelures de pain grillé, de grains d'anis vert, et comme complément de haut goût, il se proposait de parfaire ce plat exquis par un léger arrosement de fleur d'oranger et un saupoudrement de sucre. Mais une combinaison si compliquée lui mit trop souvent la tête dans le pupitre; d'un autre côté, l'ouverture fréquente du couvercle permettait aux odeurs de se répandre dans la salle.

« Messieurs, avait dit le maître d'études, on a encore fumé de l'anis ici; si cela vous arrive encore et que vous ne dénonciez pas le fumeur, je vous mets tous en retenue. »

A cette apostrophe Dodin frémit, quoiqu'il ne fût pas coupable d'avoir fumé de l'anis, passion qui n'était réservée qu'aux plus grands, aux élèves de cinquième. Atterré, il resta tranquille pendant un quart d'heure, collant son oreille contre le pupitre pour s'assurer si la marmite ne bouillait pas trop vite, car il craignait que le jus ne débordât et ne se répandît comme une écluse dans le pupitre, gâtant les papiers, les copies et noyant les vers à soie.

Le maître d'études avait la manie de lire des romans : il dévorait régulièrement quatre volumes par jour, et Dodin, le voyant absorbé dans sa lecture, fut assez imprudent pour ouvrir son pupitre. Il le referma brusquement, mais une violente odeur d'anis en sortit tout à coup.

« Messieurs, quelqu'un fume ici ! » s'écria le maître d'études, qui ferma son volume brusquement.

Les élèves qui n'étaient pas les amis de Dodin le regardaient d'une façon malicieuse : c'est une façon jésuitique de dénoncer un camarade sans en avoir l'air. Dodin était embarrassé. Le maître d'études, averti par ces regards, descendit de sa chaire et étudia la mine de divers élèves qu'il soupçonnait ; mais comme il arrivait dans les environs de Dodin, un petit panache de fumée sortit du pupitre par le trou de l'encrier et mit le maître d'études sur la trace. Il tomba comme une bombe sur le pupitre, l'ouvrit et le referma immédiatement en poussant un cri. Le maître d'études crut être asphyxié.

Une terrible odeur de lampion, de vieille graisse, d'anis, sortait du foyer chauffé outre mesure.

« A la porte, Dodin ! s'écria le maître d'études, qui eut le courage d'éteindre le feu en soufflant sur le lampion, pendant que tous les élèves, même les plus amis de Dodin, riaient de sa mésaventure.

— Mais, monsieur... disait Dodin d'une voix suppliante.

— A la porte tout de suite, vous dis-je ! »

Dodin sortit, craignant que l'instruction faite dans

son pupitre n'ajoutât encore aux colères du maître d'études; effectivement, celui-ci, en trouvant la batterie de cuisine, la bouillie, les vers à soie, le pot à mûrier, les jeta avec rage par la fenêtre, en ayant soin de les briser auparavant. Dans le premier moment les élèves avaient ri, mais ils redevinrent sérieux, en craignant qu'une saisie aussi inattendue ne poussât le maître d'études à une perquisition générale. Le plus tremblant fut Larmuseaux, qui entretenait une grenouille dans son pupitre, et qui aurait donné dix ans de sa vie plutôt que de la voir mettre à mort. Bineau ayant obtenu la permission de sortir un instant, chercha longtemps Dodin et finit par le trouver dans la petite cour, caché derrière un tas de fagots. Dodin se cachait ainsi parce qu'il craignait de rencontrer le principal. Être mis à la porte pendant l'étude est une immense punition, qui était encore accrue par M. Tassin quand il trouvait l'exclus errant comme une âme en peine aux environs de la classe. Les maîtres d'études devaient soumettre au principal un bulletin de punitions quand elles étaient rigoureuses; mais heureusement pour les élèves de la classe de huitième, le maître d'études faisant les fonctions de professeur, la tête pleine de ses lectures romanesques, oubliait souvent de consigner les faits par écrit. Si l'élève n'était pas rencontré par le principal Tassin, il pouvait espérer échapper à sa rigueur.

« C'est bien de ta faute, dit Bineau à son ami, avec tes gourmandises !

— Tu es gentil, dit Dodin, voilà que tu prends le parti du maître d'études.

— Certainement, tu n'avais pas besoin de faire de

la cuisine, vois un peu combien tu as manqué nous compromettre ; si l'odeur ne t'avait pas trahi, le maître d'études fouillait dans tous nos pupitres et empoignait les vers à soie.

— Bah ! dit Dodin, c'est fini, n'y pensons plus. As-tu le temps de me faire une partie de six balles ?

— Pas trop, dit Bineau, mais un coup est bientôt joué. »

La partie de six balles consiste en six billes que le joueur tient dans le creux de la main droite et dont il est nécessaire d'envoyer deux, quatre ou six dans un trou en terre qu'on appelle le pot ; en cas de nombre impair, le joueur perd, et il gagne nécessairement dans le cas contraire. La partie était en train, lorsque M. Tassin se précipita comme un éclair sur l'enjeu, et envoya un violent soufflet à Dodin, qui n'était pas dans ses bonnes grâces. Dodin tomba la face contre terre et contrefit le mort, situation qui lui permettait de chercher une excuse à sa conduite. Bineau s'était enfui à toutes jambes pendant cet incident.

« Qu'est-ce que vous faites là, pendant la classe, drôle ? »

Dodin ne répondit pas.

« Attends, dit le principal, je vais te relever par les oreilles. »

Cette menace fit que Dodin changea immédiatement de position.

« Monsieur, on m'a mis à la porte.

— Ah ! tu te fais mettre à la porte de ta classe et tu joues aux billes ; attends, je m'en vais voir ton professeur. »

En disant cela il prit Dodin par l'oreille et le conduisit jusqu'à la classe de huitième.

« Voici M. Dodin que j'ai trouvé en train de jouer aux billes, dit le principal au maître d'études.

— Monsieur le principal, dit le professeur, j'ai surpris M. Dodin en train de faire de la cuisine dans son pupitre, il avait allumé un gros lampion qui infectait.

— Malheureux ! dit le principal, tu veux donc mettre le feu à mon établissement ?

— Indépendamment de cela, dit le professeur, M. Dodin élevait des vers à soie ; enfin, son pupitre contient tout ce qu'il est possible d'imaginer, excepté des livres d'études.

— Ah ! je suis content de savoir que vous élevez des vers à soie ! s'écria le principal ; c'est donc vous, polisson, qui escaladez le jardin de M. Robert, qui est venu se plaindre ce matin ? on a cassé ses arbres, écrasé ses fleurs, marché dans ses plates-bandes; je me refusais à croire à tant d'audace, même avant d'avoir fait une enquête... Vous allez retourner votre habit, Dodin.

— Mais, monsieur, ce n'est pas moi ! s'écriait avec un réel accent d'innocence l'accusé.

— Retournez votre habit tout de suite, monsieur, ou je vous renvoie à votre mère. »

Dodin, qui craignait plus sa mère que le principal, retourna les manches de sa redingote, à la plus grande joie de toute la classe. Fils naturel d'une couturière de la ville, Dodin offrait, en retournant ses manches, des échantillons de robes de toutes les couleurs ; par économie, la doublure du dos, des basques et des manches était composée de différents morceaux d'étoffes de couleurs vives. Dodin avait l'air d'un carnaval et n'aurait peut-être pas autant pleuré si la doublure de sa redingote eût été d'une même étoffe de couleur sombre. La bande était accablée et ne quittait pas des yeux Dodin, craignant d'être dénoncée par lui. Robert lui-même semblait embarrassé.

« Vous resterez pendant toute la récréation auprès du puits, avec votre habit retourné, dit le principal, et vous n'irez pas déjeuner, je vous le défends. M. Bineau, que j'ai surpris en train de jouer avec vous, rapportera votre déjeuner pour sa punition. »

Bineau respira plus librement, heureux d'échapper si facilement à la mauvaise humeur de M. Tassin.

Après la classe, il se tint un concile entre les principaux éleveurs de vers à soie, qui jugèrent prudent d'abandonner désormais l'escalade du jardin de M. Robert.

« Je parie, dit Bineau, que Robert nous a dénoncés à son père.

— Parbleu ! c'est un rapporteur.

— Il le payera, le cafard. »

Mais quoique le petit Robert fût convaincu de jésuitisme, il fut convenu qu'on le laisserait tranquille en apparence ; Bineau se chargea de trouver un châtiment pour le coupable. Il y avait alors une grande rivalité entre la pension de M. Tanton et le collége de M. Tassin, et il arrivait souvent des combats entre les bandes d'externes des établissements rivaux, quand ils se rencontraient sur la promenade avant l'heure de la classe. Bineau surtout avait gardé une grande rancune à son ancien maître d'écriture ; l'expédition du mûrier terminée, il ne songea plus qu'à tourmenter ceux qu'il appelait les *Tantoniens*, en opposition au sobriquet de *Tassinistes*, dont avaient été décorés les collégiens. Depuis quelques jours, il avait imaginé de s'introduire dans la cour de M. Tanton et de se pendre après la cloche qui était le signal du déjeuner, du dîner et du souper des élèves. La cloche faisait un bruit effroyable depuis que M. Tanton, pour lutter avec le tambour du collége, avait jugé à propos d'en augmenter le volume et le timbre. L'entreprise réussit à merveille la première fois; la classe d'écriture tout entière poussa des cris de joie en entendant la cloche devancer d'une heure la sortie; quoi que fît M. Tanton, malgré les coups de poing réitérés sur la table, les pupitres se fermaient à grands bruits, pendant que la cloche sonnait à toute volée. Bineau eut le temps de se sauver sans être vu; d'ailleurs, il connaissait tous les coins et recoins de la pension, et il n'eût pas été embarrassé de se cacher et de défier toute espèce de perquisitions. Canivet, Lagache, Robert et Dodin l'attendaient à la porte et le félicitèrent de son succès.

Le lendemain, Bineau recommença sa sonnerie avec courage, ainsi que les jours suivants. C'étaient des joies sans fin entre les quatre amis, qui s'en retournaient le cœur content de leur expédition.

« Demain, dit Bineau à Robert, ne manque pas d'apporter de la ficelle, je te montrerai quelque chose de plus drôle. Avec la ficelle je veux carillonner au moins une demi-heure sans danger. »

Robert déficela un beau paquet de plumes neuves et se montra généreux cette fois.

« Ce n'est pas tout, dit Bineau, nous allons entrer

avec précaution dans la cour des Tantoniens ; moi je monterai au premier, tu attacheras solidement ta ficelle à la chaîne de la cloche, tu attacheras une pierre au bout de la ficelle, tu me jetteras la ficelle et ensuite tu t'en iras.

— Mais si on me voyait ? dit Robert.

— Allons donc ! il n'y a pas de danger ; d'ailleurs, c'est moi qui me charge de faire aller la cloche.»

Robert se laissa entraîner et s'introduisit non sans frémir dans la cour du maître de pension ; il suivit les instructions de Bineau et attachait la ficelle à la chaîne, lorsqu'il reçut dans le dos un coup de balai énorme qui faillit le renverser, et il se sentit pincer les oreilles par les deux moignons de M. Tanton, qui faisait le guet depuis deux jours, ne se rendant pas compte comment l'audacieux sonneur lui échappait toujours.

« Maudit sujet ! s'écriait M. Tanton, vous resterez ici jusqu'à ce qu'on vous réclame. »

Cette menace n'aurait pas porté un coup violent à Robert, qu'il eût été terrifié par un éclat de rire qu'il reconnut pour appartenir à son ami Bineau ; celui-ci avait profité d'un plan de fuite bien organisé pour disparaître par un petit toit donnant sur une ruelle de la ville.

M. Tanton amena son prisonnier dans sa classe et lui fit subir un interrogatoire devant tous les élèves. Robert dénonça Bineau comme l'auteur du complot, et compromit ses camarades qui l'attendaient à la porte ; mais, malgré ses larmes et son système de justification, le maître d'écriture abandonna les autres accusés, qu'il n'avait pas vus, pour faire porter tout le crime sur la tête du prisonnier. Ayant écrit une façon de procès verbal des événements, M. Tanton chargea son maître d'études de le recopier et d'en porter un exemplaire au commissaire de police, ainsi qu'au père du petit Robert. A huit heures et demie du soir, M. Robert reçut le message suivant, qui était écrit en ronde admirable :

« Monsieur, depuis huit jours la cloche de mon éta-
» blissement se faisait entendre irrégulièrement et
» contre ses habitudes, à sept heures du soir. Cette
» cloche apportait le trouble dans mes classes d'écri-
» tures, d'orthographe et de calcul. Je résolus de dé-
» couvrir le malfaiteur; à cet effet, je me cachai derrière
» la grande porte de mon pensionnat. Mais le pertur-
» bateur, jouissant d'une très-grande agilité, échappait
» constamment à mes poursuites. C'est seulement au-
» jourd'hui, 8 mars, que je me suis emparé du cou-
» pable au moment où il préparait de la ficelle dans un
» but que j'ignore. Il se nomme Grégoire Robert, âgé
» de onze ans, fils de M. Robert de Laon, rentier. Je
» l'ai interrogé publiquement devant mes élèves, pour
» leur donner une leçon et afin qu'on ne m'accuse pas
» de mettre dans mon rapport des faits qui tendraient
» à prouver que le coup part de plus haut; peut-être
» M. Robert fils est-il l'instrument et non la main.
» Mais je laisse aux magistrats le soin de découvrir si
» une rivalité d'établissement ne monte pas la tête des
» jeunes gens du collége. M. Robert fils a toujours
» protesté de son innocence, quoique je l'aie surpris
» en flagrant délit, cherchant à augmenter la longueur
» de la chaîne de ma cloche en y joignant un bout de
» ficelle rose. Il a nommé des complices dont l'un, dit-

» il, serait entré dans mon établissement et aurait
» dressé le plan de l'affaire; les autres attendaient le
» résultat à la porte. Mais je ne peux entrer dans une
» instruction aussi compliquée, qui demanderait le
» concours affectueux de M. le principal du collége,
» lequel s'est déjà refusé à s'entremettre avec moi pour
» empêcher des combats entre mes élèves et les siens.
» J'ai l'honneur de vous donner avis, monsieur, qu'un
» double de ce rapport a été transcrit, l'un adressé
» au père du coupable, le magistrat naturel en ces
» matières, et l'autre à M. le maire de la ville de Laon,
» afin que cet honorable administrateur juge par lui-
» même du tort et des exactions qu'une main cachée
» semble se permettre vis-à-vis d'un de ses administrés,
» qui ose se dire son concitoyen dévoué, TANTON. »

« Robert a dû recevoir une fameuse danse, dit Bineau à ses amis quand il les eut retrouvés sur les remparts.

— Tant mieux, dit Lagache, un rapporteur ne peut pas être assez puni. Mais regarde donc ton pantalon, Bineau? »

Alors seulement Bineau s'aperçut du désastre qu'avait apporté dans ses habits la fuite sur les toits; les trois endroits sensibles des vêtements, que le temps limait tous les jours sournoisement, n'avaient pu résister aux tuiles du toit; c'étaient le fond du pantalon, les genoux et les manches de l'habit qui avaient éclaté.

« Qu'est-ce que je m'en vais dire chez nous? s'écria Bineau rendu à son sang-froid par cette découverte.

— A ta place, j'irais me coucher tout droit, dit Canivet; on a jusqu'au lendemain pour réfléchir.

— Tant pis, dit Bineau, on les raccommodera. Je dirai que je suis tombé du haut d'un arbre. »

En recevant l'acte d'accusation du maître de pension, M. Robert crut avoir mal lu, quoique l'écriture fût moulée. Il n'osait croire à la culpabilité de son fils, et il courut immédiatement chez M. Tanton, et le traita même assez mal pour avoir osé emprisonner un enfant sur lequel il n'avait aucun droit. Le petit Robert pleurait et protestait de son innocence ; le père soutenait son fils : M. Tanton, indigné, déclara qu'il en appellerait aux tribunaux; mais le maître de pension se jouait à plus fort que lui. En sa qualité de bourgeois rangé et économe de l'argent, M. Robert avait obtenu un quart de bourse pour son garçon, et son intérêt était de soutenir le collége, et naturellement le principal du collége, contre tous. Cousin du maire de Laon, alors fort influent dans les délibérations du conseil municipal, M. Robert ne manqua pas d'y aller le soir même, avant que celui-ci n'eût eu le temps de prendre un parti sur le rapport du maître de pension. Justement il y avait une petite réunion ce soir-là chez le maire.

« C'est indigne! s'écria M. Robert; mon cousin... vous avez sans doute reçu un procès verbal de M. Tanton... Pardon, mon cousin, comment vous portez-vous?

— Ceci ne me regarde pas ! s'écria le maire, et M. Tanton semble me prendre pour un commissaire de police.

— Mon fils est innocent, croyez-le bien, mon cousin.

— Je n'en doute pas un instant.

— C'est le petit Bineau, c'est son ami Canivet, c'est surtout ce mauvais drôle de Lagache qui ont fait le coup.

— Qu'importe? dit le maire.

— Pardonnez-moi, mon cousin, je ne voudrais pas vous voir une mauvaise opinion d'un enfant plein de bonnes qualités, et que je cherche à préserver du contact des vauriens.

— Votre garçon est charmant, monsieur Robert, dit le maire d'un ton dédaigneux qui indiquait qu'il désirait terminer cette conversation.

Cette affaire en resta là, Bineau et ses amis heureux d'avoir pu se venger du délateur. Malgré des préoccupations de toutes sortes, l'éducation des vers à soie se fit convenablement. Les éleveurs purent soumettre à l'admiration des pensionnaires des animaux d'une belle santé, accomplissant leur repas avec beaucoup d'appétit. Lagache commença son commerce et offrit ses vers à soie à un sou la douzaine; ce prix peu élevé était une amorce dangereuse pour les ignorants dans l'art d'élever les vers à soie; la bande ne s'engageait pas à fournir de nourriture, et comme les externes seuls pouvaient se procurer du mûrier, il arriva que les pensionnaires virent leurs vers à soie mourir de faim. Lagache se récria contre la maladresse de ses acheteurs et arriva à son but, qui consistait à faire une nouvelle vente et à établir de nouveaux prix. Le prix des vers à soie fut donc fixé à deux sous la douzaine, car pendant cet intervalle ils avaient grossi. Cette vente amena une réconciliation momentanée entre Lagache et Robert :

« Combien coûtait la fameuse balle qu'on t'a perdue? dit Lagache.

— Dix sous, dit tristement Robert.

— Veux-tu ravoir tes dix sous ?

— Oui, dit Robert d'un air plus confiant.

— Et dix sous avec, s'écria Lagache, en tout vingt sous... Je vais te donner vingt sous.

— Oh! dit Robert; oh! s'écria-t-il d'une voix qui annonçait combien il tenait des goûts de son père.

— Ça ne te fait pas pleurer, à ce que je vois.

— Où sont-ils tes vingt sous? dit Robert plein de défiance; tu ne les as jamais eus. »

Lagache fouilla dans sa poche, en retira un mouchoir ayant des nœuds à chaque extrémité; il délia le premier nœud, en tira une pièce de dix sous; le second nœud contenait une autre pièce de la même valeur; il en était de même des deux autres nœuds.

« Oh! s'écria Robert en voyant étalées sur le pavé les quatre pièces de dix sous qui lui faisaient cligner les yeux.

— Me crois-tu capable de te donner vingt sous?. dit Lagache.

— Oui! oui... dit Robert, qui pouvait à peine parler.

— Bêta, dit Lagache, il y a longtemps que tu les aurais si tu ne nous avais pas dénoncés.

— Pas vrai, dit Robert.

— Ne mens pas, je le sais; d'ailleurs, c'est fini, nous nous moquons de toi et de ton père; nous avons autant de mûriers que nous en voulons sans pouvoir être pris.»

C'était la réflexion que se faisait le petit Robert depuis quelques jours, qui se demandait: « Comment font-ils? » sans parvenir à résoudre la question.

« Pour avoir tes vingt sous, dit Lagache, il faut que tu m'apportes, pendant quinze jours, autant de mûrier que je t'en demanderai; ce n'est pas pour moi, c'est pour les pensionnaires, tu leur vendras un demi-cent de feuilles à la fois, ça te va-t-il ?

— Et si papa le savait ?

— Alors tu n'auras pas tes vingt sous, puisque tu es si lâche.

— Oui, je le ferai, dit Robert.

— Je t'avertis que tu ne livreras du mûrier qu'autant que je te le dirai ; il faut que les vers à soie des pensionnaires soient toujours en retard sur les miens.

— Je ferai comme tu voudras.

— Ce n'est pas moi seulement qui te fais faire cette entreprise, dit Lagache, je te parle pour Bineau, Dodin et Canivet, qui sont associés avec moi. »

En moins de huit jours, le commerce de Lagache prospéra à tel point que le collége fut rempli de vers à soie ; d'ailleurs, Lagache ne se contentait pas d'une première livraison, il lui fallait vendre sans cesse. Et il employait diverses ruses ; tantôt, sous le prétexte de donner des conseils à un éleveur, il allait causer avec lui si longtemps sous le couvercle de son pupitre, que le maître d'études arrivait et faisait un massacre général de ces vers à soie dont la race ne s'éteignait jamais ; tantôt Lagache, à l'aide de ses fausses clefs, pillait lui-même la marchandise qu'il avait vendue ; ou bien il secouait tellement le pupitre que l'encre et les livres tombaient sur le dos des délicats vers à soie et les envoyaient dans l'autre monde.

Robert se réconcilia entièrement avec ses camarades lorsque son industrie lui rapporta les vingt sous tant désirés ; mais il fit une violente grimace quand il s'agit de rapporter à la caisse les sommes excédantes produites par la vente du mûrier. Les vers à soie modèles étaient dans le pupitre de Lagache, qui montrait avec orgùeil des animaux presque aussi gros que son petit doigt : aussi ces beaux produits étaient-ils cotés à cinq sous la paire ; et il se passait rarement un jour sans que la société n'en vendît une paire ; car il était impossible aux premiers acheteurs, ceux qui avaient acheté des œufs, de les voir arriver à cette prodigieuse croissance. Là était l'industrie de Lagache, qui avait compté que la mauvaise nourriture, le manque de soins, la curiosité du maître d'études, et au besoin la rapine et la dévastation, empêcheraient quiconque n'était pas affilié à la société de voir ses vers à soie réussir.

Le commerce ne s'arrêta pas là, quoiqu'il y eût un moment de repos quand le ver devint chrysalide : alors il n'était ni beau, ni aimable, ni actif ; mais Canivet, qui avait le génie de la mécanique, confectionna un petit tour pour dévider la soie, et ne put suffire aux nombreuses demandes qui lui arrivaient de toutes les classes. Depuis la classe de huitième jusqu'à la classe de cinquième, les pupitres furent convertis en filatures, et les fabricants de Lyon même eussent été surpris de l'immense activité que déployaient ces jeunes ouvriers. Larmuzeaux fut la dernière victime des éleveurs de vers à soie ; Bineau lui vendit deux livres de petits crottins secs, lui persuadant qu'après les avoir pilés dans un mortier, on obtenait une poudre avec laquelle se fabriquait la plus jolie couleur verte qui se pût voir. L'année 1830 se passa de la sorte, pleine de belles promesses pour l'avenir du collége, la fortune de M. Tassin et l'éducation des collégiens. Bineau eut un prix de musique; mais Lagache fut victime du favoritisme, car le principal, qui avait créé des prix de toutes sortes, oublia de fonder un prix pour l'élevage des vers à soie.

IV

Arrivée du professeur Delteil.—Influence terrible d'un jeu de mots. — Dodin continue sa cuisine.

Près de la porte de Vaux se trouve une boutique qui est décorée de l'enseigne : A L'INSTAR DE PARIS, *Mesdemoiselles Carillon, marchandes de modes.* La devanture est divisée en deux montres qui ne justifient que maigrement l'enseigne.

Une des montres est occupée par une poupée de carton en buste qui tranquillement regarde les passants avec ses grands yeux bleu clair, et dont les cheveux sont cachés par une calotte de peau jaunâtre destinée à protéger les pointes des aiguilles. A côté de la poupée curieuse, quatre champignons en bois blanc, désolés de leur inutilité, semblent se resserrer en groupe afin de paraître plus nombreux et lutter avec le champignon courageux qui porte sur son front un bonnet de femme, d'une forme coquette.

Un grand carton blanc montre divers rouleaux de rubans plutôt voyants que simples, généralement à fleurs ou à couleurs changeantes. Des pelotes de fil, des écheveaux de soie, des guirlandes de cordonnet complètent l'étalage.

L'autre montre est occupée par des paquets de corde à violon, une flûte en verre et diverses romances, dont la lithographie jaunie atteste une trop longue exhibition.

Ce magasin, tenu par les demoiselles Carillon, est plus connu à Laon sous le nom de « boutique des trois cents hommes. »

Peut-être n'existe-t-il nulle part un jeu de mots si simple et dont les suites furent plus terribles. Pour en faire comprendre la portée, il est important d'expliquer que le magasin de la veuve Carillon rapportait, sous Louis XVIII, d'assez beaux bénéfices, qui passèrent en frais d'éducation, en générosités, en vie trop facile. Madame veuve Carillon envoya ses filles dans une maison religieuse de Soissons, leur fit donner des leçons de piano et de chant, et les rappela vers 1827 auprès d'elle. Puis la veuve s'éteignit tranquillement, en laissant pour tout héritage sa maison et son commerce de modes. Madame Carillon ne s'était pas doutée un instant que les foires de village allaient être tuées par les magasins qui s'établissaient dans les bourgs, que les commerces de bourgs seraient anéantis par les marchands des petites villes, que les chefs-lieux menaceraient d'une rude concurrence les petites villes, et qu'à son tour Paris ne ferait qu'une bouchée des chefs-lieux.

Les constructions de chemins vicinaux, de routes départementales, les immenses travaux que la voirie a exécutés depuis cinquante ans, la mise à exécution des grandes lignes de chemins de fer seraient revenus à l'esprit du plus faible apprenti économiste en regardant l'unique bonnet et les cordes à violon qui représentaient le magasin de modes des demoiselles Carillon.

Les filles de la marchande de modes arrivèrent successivement à l'âge de vingt-huit, vingt-neuf et trente-un ans, sans se marier.

Un jour on trouva sur les volets de la boutique de mesdemoiselles Carillon ces mots, écrits en gros caractères, à la craie:

Magasin des trois-sans-hommes.

Le lendemain, on aurait bombardé Laon et ses habitants, que le mot serait resté. Il est d'une plaisanterie énorme qui fait sa force. Les esprits les plus fins ne sauraient lutter contre des moyens comiques qui ont la brutalité d'un soufflet de servante.

L'auteur de ce calembour cruel garda l'anonyme, non pas qu'il eût honte de sa création, mais il n'en avait pas conscience. Il ne se doutait pas de la portée de l'invention. Peut-être le mot fut-il écrit le matin par un galopin qui obéissait à un secret esprit malicieux et qui ne se souvint pas de son inscription cinq minutes après.

Le T. F. qu'on gravait jadis avec un fer rouge sur l'épaule des forçats était moins terrible que ce dénûment de maris dont les trois sœurs furent marquées. Le mot fit dix lieues de tour, on le connut à Soissons, à Saint-Quentin et à Reims. Et ce ne fut pas un de ces mots spirituels et brillants qui durent un jour, un mois et un an. Plus les demoiselles Carillon prenaient d'âge, plus la blessure s'envenimait, car la réalité se joignait à la plaisanterie ; et ces deux ennemis puissants n'eurent pas grand'peine à triompher du courage des marchandes de modes.

L'aînée, Sophie, fit une maladie dont elle cacha l'origine. Elle avait assez d'intelligence pour voir la profondeur de cette malignité ; à la suite de sa maladie, elle eut tous les matins, à la même heure, un renversement de facultés, un épuisement complet, des spasmes, enfin ce que la médecine a rangé dans l'immense famille des attaques de nerfs. C'était l'heure à laquelle elle vit pour la première fois les fatals mots écrits à la craie sur les volets de la boutique.

Les trois sœurs aperçurent en même temps l'inscription : mademoiselle Carillon l'aînée ayant rapporté le volet dans la boutique en le regardant anéantie ; Caroline Carillon, qui était la seconde, vint au secours de son aînée, tandis que la troisième, Berthe, qui était encore une enfant de quinze ans, pleine de vivacité et de gentillesse, regardait cette scène et n'y voyait qu'un de ces malaises passagers communs à beaucoup de femmes.

Seules, les deux aînées s'entendirent, mais elles ne reparlèrent jamais de l'événement, en apparence si léger, qui venait de troubler leur vie. Entre vingt-quatre et vingt-six ans, Sophie et Caroline ne se montrèrent que rarement dans Laon : elles avaient leur boutique à tenir, qui ne les occupait pas beaucoup ; mais elles obtinrent des travaux de broderies pour la maison des dames Religieuses, de Reims. Ce faible bénéfice leur permit de vivre et de ne pas perdre trop de temps derrière les rideaux de mousseline qui étaient la seule richesse de leur magasin ; car elles brodaient comme des fées et s'étaient permis le luxe innocent de se dérober aux yeux des curieux derrière de splendides rideaux qu'une duchesse aurait enviés pour en faire d'élégants mouchoirs.

Les demoiselles Carillon, qu'on ne rencontrait rarement dans les rues qu'à moins d'une course forcée, avaient, d'ailleurs, une qualité qui devient vice chez beaucoup de femmes : elles étaient très-grandes, surtout les deux aînées, non point jolies ni belles, mais des traits assez réguliers, le nez un peu allongé et cependant d'un beau dessin, les cheveux noirs comme l'aile d'un corbeau.

Une petite femme a tous les avantages en pareille condition ; elle rentre dans la communauté des femmes, elle n'est pas trop remarquée, elle disparaît, elle s'habille avec rien, le premier petit châle venu. Mais aux grandes, il faut des toilettes en harmonie avec « ce port de reine, » comme on disait à Laon. Les demoiselles Carillon étaient une exception; on ne pouvait s'empêcher de les comparer aux petites portes près desquelles elles passaient. Peut-être leur fière tournure éloigna-t-elle plus d'un mari.

Les marchandes de modes se résignèrent à une vie presque cloîtrée; elles sortaient quelquefois le soir, dans des toilettes d'une simplicité monacale.

Berthe, la troisième, ne suivit pas tout à fait le même genre de vie; elle différait essentiellement de ses sœurs par la couleur, la taille et les goûts. Petite, pétulante, malicieuse, elle était également frappée de réprobation provinciale par ses cheveux d'un roux ardent qui semblaient avoir été brûlés par le soleil.

Autant sont rares ces belles espèces de chevelures, autant ont été niaises et violentes les dénigrations bourgeoises qui ne comprennent pas la splendeur de ces reflets, fils du soleil. Aussi, Sophie Carillon engagea-t-elle Berthe à se servir tous les matins d'un peigne de plomb, afin d'assourdir les chauds reflets de sa chevelure dorée. Le peigne de plomb est un remède innocent qui n'a jamais changé une blonde en brune. Berthe Carillon continua à porter ses cheveux sans en connaître la beauté et sans en recueillir de triomphes.

La maladie de l'aînée des marchandes de modes procura un commencement de société dans la personne du docteur Triballet, qui essaya, sans y parvenir, de guérir ces maladies de nerfs. M. Triballet, qu'on appelait pompeusement docteur, était un ancien aide-major de l'armée, retiré à Laon, son pays, après avoir recueilli un bel héritage.

Il avait à lui seul l'embonpoint de trois médecins, car il portait trois mentons; mais il n'allait guère plus haut que le comptoir des demoiselles Carillon. Le docteur était un gros nain sanguin dont on pouvait craindre l'apoplexie à chaque pas. Il marchait difficilement, la bouche ouverte pour mieux souffler. Il aurait pu jouer Éole dans un ballet mythologique, et l'on entendait de vingt pas sa respiration d'ogre.

Sa figure, d'un rouge vif, était coupée par un simple accident, des petits yeux bleus, des cheveux gris bouclés et des favoris blancs. Ces favoris semblaient deux boules de neige dans un plat de fraises.

Malgré son souffle bruyant et la menace toujours pendue d'un coup de sang, la physionomie de M. Triballet n'en était pas moins joyeuse à regarder, ainsi que celle de tous ces hommes à grosse santé où le sang déborde sous la peau et se manifeste par des petits canaux violets qui serpentent à travers la figure.

Le docteur ne comprit rien à la maladie de mademoiselle Caroline Carillon; il avait été habitué au régiment à soigner des hommes qu'il guérissait avec des remèdes de chevaux. Rentré dans la vie civile, il se trouva en présence de nombreux cas névralgiques ; il eut même assez de bonne volonté et de conscience pour acheter un livre spécial qui traitait de ces maladies ; mais il n'en devint pas plus savant, les nerfs fournissant plus de *variorum* que des épreuves d'une eau-forte de Rembrandt.

M. Triballet, après avoir essayé des bains, de l'éther, de l'eau de fleur d'oranger, et conseillé à la malade de boire de l'eau ferrugineuse que donne une des fontaines de Bruyères, un petit village des environs, se contenta d'assister tous les matins à l'accès de mademoiselle Carillon. Il la plaignait en lui donnant des paroles de consolation pour remèdes, ne voyant pas d'ailleurs d'aggravation dans les attaques.

— Allons, mademoiselle, allons, un peu de courage, disait-il aux premiers symptômes.

Mais la maladie était plus forte que les paroles de M. Triballet, qui pendant un quart d'heure frappait dans les mains de la marchande de modes et l'aurait guérie par son souffle si un ouragan était bon en pareilles matières.

— Ah ! s'écriait-il après l'accès, elle revient... il y a du mieux... bon, nous voilà remise, pauvre demoiselle Sophie, ce n'est rien... Vous ne souffrez plus, n'est-ce pas ?... Désirez-vous quelque chose?

Depuis huit ans, le docteur ne manqua pas un seul

matin à ce qu'il appelait sa visite, ne changea pas un mót à ses paroles, et ne trouva rien de neuf à employer comme médicament. Il conseilla l'exercice dans les montagnes. Il faut dire, pour l'honneur des connaissances médicales de M. Triballet, qu'il ne soupçonna jamais la cause de la maladie. Ainsi que tous les habitants de Laon, il savait la fameuse appellation des *Trois-sans-hommes*, mais il crut que le mot n'était jamais arrivé à l'oreille des marchandes de modes. L'eût-il su, qu'il serait demeuré aussi impuissant dans les moyens de guérison.

Mais il y avait tant de bonne volonté chez le docteur, un tel chagrin se faisait voir dans ses gros yeux bleus, que mademoiselle Carillon l'aînée ne lui sut aucun mauvais gré de son impuissance médicale. D'ailleurs, il venait à double titre, à titre de médecin le matin et à titre d'ami l'après-midi.

M. Triballet ne se regardait plus comme médecin : forcé d'étudier la chirurgie militaire, il avait obéi à son père, avait fait son temps comme il aurait été employé dans un bureau; il revint à Laon pour prendre sa retraite et vivre tranquille.

Sa journée était réglée comme par un horloger; la maladie seule pouvait le faire changer forcément d'habitudes. Il ne connaissait ni le bien, ni le mal, ni le remords. Il donnait à la caisse municipale une somme annuelle pour les besoins des indigents de la commune, et rudoyait fortement les mendiants qui se hasardaient à sonner à sa porte.

Un matin, M. Triballet ne vint pas à son heure accoutumée. Quand il arriva, les attaques de nerfs de mademoiselle Carillon avaient cessé; cependant le docteur parut à la boutique une heure après :

— Oh! dit-il en rencontrant Berthe qui balayait le pas de la porte, comment l'affaire s'est-elle passée?... Non, ne me dites rien, je veux voir moi-même... Pourquoi n'étais-je pas là!... quel accident!

Mais la crise habituelle de la marchande de modes n'avait nullement augmenté en l'absence du docteur, qui se croyait indispensable en cette occasion.

— Ma chère demoiselle, pardonnez-moi, disait-il en roulant ses gros yeux bleus qui étaient remplis de supplications.

— Mais, monsieur Triballet, vous êtes tout pardonné d'avance...

— Si vous connaissiez les raisons qui m'ont empêché...

— Chacun a ses affaires; et vous plus qu'un autre, docteur...

— Non, non, mademoiselle Sophie, je suis coupable, laissez-moi vous demander mon pardon.

— Ah! que vous êtes singulier, docteur! Cependant vous semblez y tenir tellement que je veux bien vous écouter.

— Humph! fit le docteur, dont l'énorme soupir ne peut se traduire que par cette onomatopée... Croyez-vous que vous m'avez tourmenté toute cette nuit?

— Moi? demanda mademoiselle Carillon.

— Vous-même, dit le docteur en soufflant comme s'il avait voulu faire envoler un souvenir désagréable. Vous me reprochiez votre maladie...

— Oh! jamais, croyez-le bien, docteur.

— Je sais bien, continua M. Triballet, c'était un rêve... Je ne crois pas aux rêves, et il me semble que les personnes qui y croient traduisent en sens contraire ce qui leur est apparu la nuit....

— Précisément, dit mademoiselle Carillon. Vous avez rêvé que je vous reprochais ma maladie, cela veut dire combien je suis reconnaissante de vos bons soins.

— Humph! fit le docteur avec un gros soupir de satisfaction, c'est bien vrai?

— Oui, bien vrai, deux fois vrai, une fois dans votre rêve en l'interprétant à rebours, une autre fois plus vrai en réalité, car je vous renouvelle mille remercîments de votre dévouement si amical.

Après une longue conversation qui roulait presque tous les matins sur le même motif, le docteur retourna déjeuner chez lui, plein de contentement. Nulle part il ne trouvait une femme si prévenante, mieux disposée à se rendre agréable. L'aînée des demoiselles Carillon, quand elle était assise dans son comptoir, occupée à ses travaux de broderies, lui semblait plus agréable qu'une femme du monde sur son divan. Elle cousait simplement, montrait une intelligence qui semblait grandir par le contraste de la petite boutique où elle se trouvait; elle savait mettre sa conversation à la portée de M. Triballet, qui n'avait pas un grand fonds de causerie, ayant passé sa vie avec des officiers, dans les cafés de garnison, ce qui ne put développer chez lui les usages du monde.

L'automne de 1831 marqua chez les demoiselles Carillon par l'arrivée d'un nouveau locataire, événement considérable dans une existence monotone. La voiture de

Reims qui s'arrête à l'hôtel du Griffon laissa sortir de la rotonde un petit homme maigre, jaune, dont la figure était sillonnée de rides creuses comme des coups de sabre. Un sac de nuit, un paquet de livres formaient tout le bagage du voyageur, qui parut tout à fait effrayé de se sentir au milieu d'une ville où il ne connaissait personne. Il jeta machinalement les yeux en l'air, et aperçut un écriteau qui annonçait diverses chambres de garçon à louer. L'aspect extérieur de la maison, quoiqu'elle fût nouvellement recrépie à la chaux, n'annonçait pas un luxe immense. Sous la chaux on voyait se tordre en X des pièces de bois, dates certaines d'une construction ancienne. L'étalage des marchandes de modes correspondait à la simplicité presque pauvre de la maison; par hasard, Caroline Carillon était sur le pas de la boutique, s'inquiétant machinalement de l'arrivée de la diligence. Elle était habillée d'une robe de percale grise et d'un tablier de soie noire; ses cheveux seulement pouvaient attirer l'attention par leur masse considérable, qui, bien loin de chercher à produire de l'effet, semblait modeste sous le peigne. Elle souriait à la petite fille du cordier qui demeure en face d'elle, et son sourire montrait un cœur aussi pur que ses dents.

Le voyageur, quoique d'une allure timide, se dirigea vers elle, la salua poliment, et lui demanda si l'on pouvait voir les chambres de garçon à louer. Caroline Carillon le fit entrer dans la boutique, prit le sac de nuit, et invita le voyageur à s'asseoir, pendant qu'elle appelait Berthe qui était au premier étage.

« Monsieur va rester à Laon... quelque temps?... Il ne connaît sans doute pas la ville?... Il est étranger?... »

Telles furent les diverses questions qui servirent à mademoiselle Carillon de début de conversation ; mais le voyageur répondait vaguement à ces questions ; on eût dit qu'il se sentait intimidé par la présence de deux femmes.

« Monsieur, dit l'aînée, Sophie, je n'ai guère à vous offrir que des chambres à vingt francs par mois.

— Cela me suffit, répondit l'étranger.

— Du reste, vous aurez bon air et une jolie vue sur la montagne de Vaux, qui est très-animée.

— Très-bien, madame. Suis-je bien loin du collége?

— Vous êtes ici au milieu de la ville, monsieur ; en dix minutes et même moins vous pouvez être au collége. Vous jouirez de deux entrées, l'une par le corridor près de la boutique qui vous mène à votre chambre au second étage, et l'autre entrée qui est de plain-pied avec la place de l'Hôtel de ville. Du reste, Berthe va vous faire voir. Au printemps cela est commode, parce qu'on peut traverser les promenades, et en hiver il vaut mieux traverser la ville.

— Je loue, dit l'étranger.

— Mais, monsieur, vous n'avez pas vu la chambre, elle pourrait ne pas vous convenir.

— Je loue.

— Sous quel nom faudra-t-il inscrire monsieur sur le registre?

— Delteil, régent de septième au collége.

— Ah ! monsieur est professeur, dit Caroline. Nous avons un collége qui fait parler de lui maintenant, les élèves sont bien tenus, tous en uniforme ; ils ont des tambours.

— Des tambours ! s'écria M. Delteil.

— Et une musique donc !

— Une musique ! reprit le professeur.

— Très-jolie ; tout Laon se met sur la porte pour l'entendre. »

M. Delteil poussa un soupir et répéta machinalement : « Une musique, des tambours ! » comme s'il avait été frappé par une nouvelle importante.

« Vous serez ici tout à votre aise, dit Sophie Carillon ; sur la place il y a une table d'hôte au principal hôtel de la ville, à *la Hure ;* là descendent les étrangers riches et les commis-voyageurs.

— Non, dit brusquement M. Delteil.

— Il y a *la Bannière*, dit Sophie Carillon ; mais je ne connais pas bien le genre de personnes qui y mangent : je conseillerai plutôt à monsieur d'aller en face, *au Griffon ;* ce sont d'honnêtes gens, leur cuisine est bonne ; les bourgeois de la ville y vont même commander des plats extraordinaires, et l'on y est servi avec propreté.

— Je suis très-fatigué de la route, dit M. Delteil, je me coucherais bien volontiers si la chambre était prête. »

En ce moment Berthe descendait les escaliers.

« Conduis monsieur, dit Caroline, à la chambre jaune. Tout est en ordre, n'est-ce pas ?

— Oui, ma sœur. »

Elle voulut prendre les paquets de M. Delteil, mais celui-ci ne voulut pas y consentir.

A peine le professeur fut-il seul dans sa chambre, qu'il ouvrit son sac de nuit et en tira un petit pain et un papier soigneusement enveloppé, contenant un morceau de chocolat. Il prit également un livre grec, l'étala sur sa table et se mit à manger avec le plus grand appétit pendant qu'il lisait; mais, quoique le repas ne fût pas long, M. Delteil l'interrompit à trois reprises pour consulter un paquet énorme de vieux papiers jaunis, sorte de notes écrites en grec qu'il mettait en désordre pour y faire des recherches. Le repas terminé, il poussa un soupir de béatitude tel qu'on l'aurait entendu d'un gourmet mangeur de truffes, et il se mit à disposer sur la cheminée, sur la commode, dans les tiroirs, le peu d'objets contenus dans son maigre sac de nuit.

C'étaient deux chemises, du fil, des aiguilles, des plumes, du papier, une petite bouteille d'encre et mille papiers écrits d'un côté qu'il rangea précieusement comme contenant sans doute d'importants travaux.

« Nous avons un locataire, dit le soir d'un air de joie Sophie Carillon à M. Triballet.

— Ah ! ah ! répondit le médecin, qui semblait comprendre l'importance de cette nouvelle.

Un jeune homme? demanda M. Triballet en s'emparant des ciseaux qui étaient sur le comptoir.

— Pas précisément, docteur; c'est un nouveau professeur du collége.

— Je vous en félicite, mademoiselle Sophie, voilà un bon locataire.

— Certainement, il ne fera pas de bruit, dit-elle. Il n'a pas l'air très-communicatif, et il me fait l'effet d'un savant... Pardon, docteur, si je vous prends mes ciseaux. »

Le docteur Triballet avait la manie de s'emparer perpétuellement de chaque paire de ciseaux qu'il voyait; quoique portant des cheveux gris très-longs qu'il rangeait derrière ses oreilles, on ne le vit jamais entrer chez un perruquier; mais il ne pouvait pas causer cinq minutes avec quelqu'un, surtout quand il était assis, sans couper un peu de ses cheveux; aussi cette opération répétée tous les quarts d'heure le dispensait-elle d'avoir recours à l'art du coiffeur.

« Eh bien, dit Sophie à sa sœur Berthe, comment M. Delteil trouve-t-il sa chambre?

— Je lui ai ouvert la porte, il est entré, m'a saluée et ne m'a rien dit.

— Ce pauvre homme avait l'air fatigué, du reste, et n'était guère disposé à entamer de conversation, dit Caroline Carillon.

— J'ai un projet, monsieur Triballet, dit l'aînée des sœurs, et j'aurai bien besoin de vos conseils.

— Je serai trop heureux.... dit le médecin en s'emparant des ciseaux qui étaient sur le comptoir et en s'en servant de la main gauche pour couper ses cheveux.

— Je vous ai parlé souvent de mon neveu qui demeure à Vervins; le voilà bientôt âgé de dix ans: ne serait-il pas temps de le faire entrer au collége?

— Monsieur Triballet, mes ciseaux, s'il vous plaît, demanda Berthe Carillon.

— Voilà, mademoiselle. Ne m'avez-vous pas dit que votre neveu était orphelin?

— Hélas! ce cher enfant n'a plus ni père ni mère, et je me repens souvent de ne l'avoir pas élevé à la maison; mais il est chez une brave femme, sa nourrice, qui ne veut pas s'en séparer, tant il est gentil. Mon projet est de lui faire donner de l'instruction. Si vous saviez comme il est bon et beau! il comprend tout presque sans apprendre ; il s'est mis à lire tout seul ; il m'écrit une fois par semaine, et il n'a jamais été en pension. »

M. Triballet s'empara sournoisement des petits ciseaux que Berthe avait éloignés à dessein et se mit à tailler une mèche de cheveux près de l'oreille.

« Ah ! dit-il, le collége... le latin, le grec, cela s'apprend au collége, certainement...

— Qu'en pensez-vous, monsieur Triballet ?

— De mon temps, dit-il, on n'apprenait pas tout ça et on ne s'en trouvait pas plus mal.

— Alors, monsieur Triballet, vous êtes contre l'éducation ?

— Du tout, ma chère demoiselle, je suis de votre avis ; mais je crains la fatigue pour les enfants.

— Pensez-vous, monsieur Triballet, que d'aussi longues études peuvent fatiguer ? je ne mettrai pas mon cher neveu au collége.

— Je n'ai pas dit cela précisément.

— Est-ce que vous avez entendu dire que des enfants soient tombés malades au collége par trop d'application?

— Non, je ne crois pas ; tenez, je ne peux rien vous dire là-dessus, je ne me connais pas en latin.

— L'arrivée de ce professeur à la maison m'a remis ces idées en tête, dit Sophie Carillon ; il m'a l'air d'un homme bien doux, demain je lui en parlerai.

— Et vous ferez bien ; c'est son affaire, moi je n'y entends rien... Quand on aura tué votre neveu de latin, vous m'appellerez, et ce sera mon tour.

— Tuer ! dit Sophie ; mais je ne veux pas, j'aime mieux qu'il n'apprenne rien, qu'il coure les champs à sa fantaisie.

— Monsieur Triballet, dit Berthe, vous êtes insupportable, rendez-moi mes ciseaux. »

Le docteur chercha les ciseaux et ne les trouva pas.

« Je parie qu'ils sont encore dans vos cheveux, » dit Berthe.

M. Triballet avait encore l'habitude lorsqu'il s'était servi des ciseaux de les loger derrière son oreille, comme les employés font d'une plume. Sa chevelure nombreuse les retenait, et il rentrait chez lui sans penser à ce singulier ornement. Le lendemain matin, sa bonne, qui trouvait une paire de ciseaux étrangère sur la table de nuit, lui faisait des reproches.

« Où avez-vous pris ces ciseaux, monsieur le docteur ? »

M. Triballet ne se le rappelait jamais. Alors la servante lui faisait dire les maisons où il avait passé la soirée, et elle courait de porte en porte, demandant si une paire de ciseaux n'était pas égarée depuis la veille.

« Je finirai par vous faire perdre cette habitude, dit Berthe.

— Allons, ma sœur, dit Sophie Carillon d'un ton doux de reproche.

— Mesdemoiselles, dit le docteur, allons-nous faire un petit tour ?

— Avec plaisir, monsieur Triballet, » dit Sophie Carillon, qui depuis cinq ans ne manquait pas d'aller une demi-heure sur la promenade en compagnie de sa sœur Berthe et du docteur.

Pendant cette petite promenade, Caroline gardait le magasin. En face de la boutique des marchandes de modes est une ancienne porte attenant à l'hôtel du *Griffon* et qui sert de passage public ; de là on longe les remparts et l'on arrive à la promenade Saint-Just sans avoir besoin de traverser la ville. Sophie Carillon aimait cette promenade parce qu'on y rencontre moins de monde qu'ailleurs ; la proximité du cimetière qui donne sur la promenade en éloigne les bourgeois de la ville ; à peine de temps en temps aperçoit-on vers le soir un clerc de notaire qui reconduit une jeune couturière au sortir de sa besogne.

Sans être mélancolique à l'excès, Sophie Carillon aimait la tranquillité de cette promenade; et comme M. Triballet ne soignait pas de malades, il pouvait passer auprès du cimetière sans remords. Il donnait le bras à l'aînée des marchandes de modes, et Berthe courait devant, s'amusant comme une enfant et poussant la malice jusqu'à regarder sous le nez des amoureux qui se croyaient bien enveloppés par la nuit. A l'aide de Berthe, les demoiselles Carillon savaient tout ce qui se passait d'intéressant dans la jeunesse de la ville. Ne fréquentant personne, elles trouvaient ainsi une faible distraction à la monotonie de leur vie; comme toutes les femmes, elles s'intéressaient extrêmement à l'état des cœurs ; et Berthe, avec sa vue perçante, ne pouvait laisser passer un couple mystérieux sans y attacher un nom : cela procurait la causerie scandaleuse de la soirée et ne faisait aucun mal, cette conversation se passant entre trois sœurs et ne sortant jamais de la boutique de modes. En joignant à ces amourettes les nouvelles de mariages qu'apportait M. Triballet, il était facile de se rendre compte de Laon amoureux et matrimonial.

Berthe eut la bonne fortune de rencontrer sur la

promenade trois paires d'amoureux, ce qui produisit une fort longue dissertation à la veillée. M. Triballet, aussitôt après la promenade, allait faire son tour dans quelques maisons de connaissance, et les trois sœurs étaient libres de se livrer à tous leurs petits propos.

Quand les trois sœurs eurent assez discuté sur les amourettes de la ville, l'aînée annonça qu'elle partirait le lendemain pour Vervins, suivant son habitude de chaque semaine, mais qu'elle ramènerait son neveu ; pendant son absence d'un jour, Berthe, en passant dans le corridor, vit M. Delteil qui avait ouvert sa porte et qui mettait sa toilette en ordre. Il était en manches de chemise, et son large habit noir enlevé ne servait plus à cacher la chétiveté de son petit buste ; il avait le bras droit fourré dans la tige d'une vieille botte et s'efforçait de lui donner un peu de brillant à l'aide d'une brosse dont les crins avaient dû servir à deux générations. Ses cheveux gris étaient entremêlés comme à plaisir et tombaient sur ses yeux ; quoiqu'il eût le teint jaune et que sa peau ressemblât à un cuir rempli d'accidents, Berthe s'aperçut que le professeur rougissait d'avoir été surpris dans d'aussi basses fonctions. Il fit deux pas pour rentrer dans sa chambre, espérant que peut-être la jeune fille ne l'avait pas vu.

« Mais, monsieur, dit Berthe, il ne faut pas vous donner une pareille peine ; et si vous aviez laissé vos bottes à la porte, vous les auriez trouvées nettoyées de grand matin.

— Merci, mademoiselle, vous êtes bien bonne, dit M. Delteil, cette besogne m'occupe et ne me déplaît pas. »

Et il rentra chez lui pour continuer sa toilette : avec

la même brosse qui avait servi aux bottes; il fit mine d'enlever la poussière de son habit; mais la poussière dédaignait d'entrer dans cette étoffe luisante qui avait été du drap dans le principe et qui était devenue du lasting dans sa vieillesse. L'habit reluisait réellement plus que les bottes; on pouvait, de près, suivre le merveilleux travail de la trame; seulement les coudes avaient blanchi avec les années. M. Delteil prit sur la cheminée une petite bouteille d'encre, mit son pouce à la place du bouchon et passa délicatement une légère couche de noir à l'endroit des coudes. Étant entré dans ses grandes bottes solides qui semblaient provenir d'un fournisseur de chaussures de cavalerie, il alla vers sa table, où était pendu un petit linge blanc et il le tâta du doigt; mais le linge était mouillé: en y réfléchissant, M. Delteil déploya sur son lit la cravate blanche qu'il portait à son arrivée, et la retourna avec précaution dans un sens contraire, ayant soin de dissimuler les lignes jaunâtres qu'une longue route avait dessinées sur la blancheur du calicot. Il se regarda longtemps dans un petit morceau de glace qui faisait partie de son bagage, et il s'aperçut que sa barbe avait poussé démesurément. Alors il déploya un fragment de journal qui contenait un rasoir, une savonnette, un petit pot de pommade ébréché et un morceau de savon. Le rasoir était réellement un prodige, tant une main prudente avait veillé à sa conservation. Il offrait autant de rattaches qu'un plat précieux et unique dont un amateur enthousiaste désire l'éternité; mais ces rattaches en fil de fer et en fer-blanc étaient exécutées avec un telle naïveté, qu'un propriétaire seul pouvait les avoir exécutées. La lame, étroite comme un trou de souris, avait été usée par la meule, mais elle avait dû user également plus d'une meule. Quand M. Delteil eut préparé tous les objets nécessaires à l'importante opération de la barbe, il trempa sa savonnette dans quelques raclures de savon qu'il avait taillées avec modération; mais la savonnette était tellement dégarnie de crins, qu'elle ressemblait à des moustaches de chat. Cependant le rasoir était une fine lame, car il n'était pas facile de chasser les poils qui se logeaient dans les rides, dans les fossés, dans les ravins de cette figure dont la peau dure offrait quelque ressemblance avec le chagrin des reliures.

Enfin la toilette fut faite au grand contentement du professeur, qui avait un grand mépris de ces misérables détails de la vie. Il se regarda des pieds à la tête avec le secret contentement d'un homme élégant, et il sortit relevant la tête un peu plus haut que d'habitude. La porte de derrière de la maison que sous-louaient les demoiselles Carillon donne derrière l'Hôtel de ville; on arrive sur la place par une grande voûte qui sert de communication aux habitants pour se transporter plus vite sur les remparts. M. Delteil entendit de grands éclats de voix sous cette voûte, et il s'approcha pour demander son chemin, car il se rendait au collége. Une douzaine de petits garçons étaient occupés à jouer aux billes, les uns habillés de blouses, quelques-uns en uniforme. Le silence se fit quand ils aperçurent une figure inconnue apparaître sous la voûte; et la présence de M. Delteil en habit noir et en cravate blanche leur sembla si étrange qu'ils poussèrent un cri formidable. Le professeur fût tout d'abord étourdi, ne se rendant pas compte si le cri était poussé en son honneur et de la signification qu'il devait en tirer : il assura, par un geste qui lui était fréquent, ses grandes lunettes d'acier et fit quelques pas vers les galopins; mais un second cri poussé par toute la bande le cloua à sa place, et il resta interdit, ne sachant s'il devait rétrograder par les remparts ou franchir le terrible passage de la voûte. Cependant il fallait prendre un parti : à peu près assuré de distinguer des élèves du collége dans le groupe, il marcha droit à eux; mais les galopins crurent à une vengeance que l'insulté voulait tirer d'eux, et ils prirent la fuite comme une volée de pigeons en remplissant la place de l'Hôtel de ville de cris goguenards et en montrant du doigt le professeur.

M. Delteil baissa la tête sans se rendre compte du scandale que sa présence occasionnait, et il marcha jusqu'au collége en faisant des réflexions sur l'esprit singulier des enfants de Laon. Quoique le système des rues soit peu compliqué, le professeur trouva moyen de faire trois fois le chemin du collége, et il eut le malheur, en dernier ressort, de s'adresser à M. Tanton, qui était assis devant sa pension, pour lui demander l'adresse de M. Tassin. Le maître d'écriture, qui devina un attaché du collége, se montra fort malhonnête et confirma M. Delteil dans l'idée qu'il habitait un pays peu civilisé. Sa visite au principal ne changea pas ses opinions. M. Tassin, enivré par la fortune, traita le professeur en subalterne; la tenue de M. Delteil, son air timide, blessaient le principal, qui aimait les professeurs à représentation. Et dans une réunion, dans un groupe de régents, dans des cérémonies publiques, M. Delteil n'était pas homme à représenter. Son extérieur montrait encore plus la misère que la pauvreté.

« Donniez-vous des répétitions au collége d'Angoulême? demanda M. Tassin à M. Delteil.

— Non, monsieur le principal.

— Je tâcherai de vous en trouver cette année.

— Monsieur le principal, je vous remercie beaucoup, je n'ai pas le temps.

— Qu'est-ce que vous faites donc? demanda d'un air blessé M. Tassin.

— Monsieur le principal, je travaille depuis quatorze ans à un grand dictionnaire grec.

— Cela suffit, monsieur, » dit M. Tassin en saluant le professeur pour lui indiquer que l'entretien était terminé.

Par ces simples mots, M. Delteil venait de se créer un ennemi formidable dans la personne de son supérieur. La question des répétitions est une des plus importantes dans la vie des professeurs, qui trouvent seulement ainsi une augmentation à leurs appointements, si faibles dans les basses classes. Un professeur vivrait difficilement avec huit cents francs; mais s'il se crée cinq ou six cents francs de supplément par des répétitions payées généralement de quinze à vingt-cinq francs, suivant leur importance, il lui est facile de mener une existence facile dans une petite ville. M. Tassin avait organisé en grand ce système de répétitions, faisant croire aux parents que de là dépendait surtout une bonne éducation universitaire : ce n'était pas tout à fait l'intérêt des élèves qui l'y poussait, ni l'intérêt des professeurs qui y trouvaient une compensation à de modiques appointements, mais le principal avait soin de se réserver un quart sur ces répétitions par suite de conventions secrètes avec les professeurs, et il n'admettait pas qu'on pût refuser le supplément de traitement dont une partie lui revenait. Que lui importait la rédaction de ce dictionnaire grec auquel M. Delteil passait tout son temps depuis quatorze ans !

Le pauvre professeur s'en retourna chagrin, sans soupçonner ces maquignonnages en matière d'éducation; et il se prit à regretter d'avoir quitté le collége d'Angoulême, où il vivait obscurément, sans être contrarié de quiconque. Le lendemain il fut tout surpris d'entendre dans le corridor la voix claire de Berthe qui lui demandait la permission d'entrer; il quitta brusquement ses travaux, serra dans un coin les traces de son déjeuner et de sa toilette et ouvrit la porte.

« Monsieur, dit Berthe, ma sœur Sophie désirerait vous parler.

— Eh bien, mademoiselle, je vais descendre.

— Ne vous donnez pas la peine, dit Berthe, elle va monter, si cela ne vous dérange pas. »

M. Delteil n'aimait pas qu'on entrât dans son intérieur; s'il l'eût osé, il n'eût pas laissé faire son lit, plutôt que de permettre à quelqu'un de connaître sa vie; car la pauvreté laisse partout sa trace. Une mie de pain égarée donne l'idée du repas d'un homme, et M. Delteil craignait par-dessus tout qu'on ne s'occupâ de lui, qu'on ne trouvât à redire à sa vie misérable, qu'on ne le plaignît; cependant il avait été frappé en descendant de diligence de l'air heureux de Berthe, et la physionomie de ses sœurs n'avait pas changé la bonne opinion qu'il avait de la maison. Malgré tout, il descendit un peu contrarié en suivant Berthe, ne connaissant pas encore assez les marchandes de modes pour se fier aux apparences.

« Mon Dieu, monsieur, je vous demande pardon, dit Sophie en faisant entrer M. Delteil dans l'arrière-boutique qui servait à la fois de salle à manger et de salon, je voulais vous présenter mon petit neveu.

— Oh ! qu'il est joli ! » s'écria avec enthousiasme le vieux savant.

Par cette exclamation, M. Delteil se rappelait son enfance, son heureux temps d'ignorance, les petits bonheurs si grands qui ne finissent jamais, les grands chagrins si courts, les amours de soleil et de verdure. Lui qui avait aujourd'hui de rares cheveux gris, il eut autrefois cette longue chevelure blonde, dont les anneaux dorés flottaient sur ses épaules; l'étude, le chagrin et les veilles avaient changé son teint rose et blond en un vieux cuir couturé de rides; le travail avait creusé ses joues si rondes autrefois; les lectures de nuit jetèrent un voile sur ses yeux, qui finirent par ne plus supporter la lumière qu'à travers ces larges lunettes de fer poli; la moindre variation de l'atmosphère chagrinait ses frêles membres, qui jadis pliaient comme le roseau. Au lieu d'habits de jolies couleurs, il enfermait maintenant son corps chétif dans la couleur de la science, noire et désolée.

« Qu'il a l'air bon ! s'écria de nouveau le professeur.

— N'est-ce pas, monsieur? demanda Sophie, tout orgueilleuse de ces compliments en embrassant son neveu.

— Et comment s'appelle-t-il?

— Charles-Marie. Va, lui dit-elle, embrasser M. Delteil. »

L'enfant alla d'un bond tomber dans les bras du vieux professeur, qui lui montrait une amitié de père.

« Est-ce que tu veux devenir un savant? demanda M. Delteil.

— Oui, monsieur.

— Quel âge a-t-il? dit le professeur.

— Dix ans déjà, dit Charles-Marie.

— Allons, nous en ferons quelque chose, dit le professeur. Que sait-il?

— Lire et écrire, dit Sophie, voilà tout; seulement, il met l'orthographe naturellement, sans avoir appris. Il paraît qu'il lisait beaucoup.

— Ah! ah! dit M. Delteil, il aime à lire, c'est un enfant charmant.

— M. le curé de Vervins en était très-content, dit Sophie; il a dévoré la moitié de sa bibliothèque depuis deux ans qu'il sait lire; je l'aurais bien laissé encore un an à commencer son latin, mais je n'y tenais plus; j'aime tant mon petit Charles-Marie, que j'ai voulu l'avoir à la maison. Monsieur, dit-elle, j'ai encore un service à vous demander: c'est une fête que l'arrivée de mon neveu, je n'ose vous prier d'accepter de partager notre modeste dîner.

— Oh! mademoiselle, dit M. Delteil, c'est moi qui suis honteux de votre invitation... je n'ai pas l'habitude.

— Monsieur, vous nous feriez bien plaisir. Nous serons entre nous, ce n'est pas un dîner de cérémonie, je vous avertis.

— Mon Dieu, mademoiselle, c'est que...

— Allons, monsieur, dites oui, je vous en prie. »

Quand M. Delteil se vit à peu près contraint d'accepter : « Eh bien, dit-il, mademoiselle, il le faut, sous peine de passer pour un malhonnête ; mais vous ne vous réjouirez guère de ma présence ; un dîner n'est guère la place d'un homme qui a du grec plein la tête... enfin, si vous y tenez, je vous remercie.

— Merci oui, alors, dit Sophie.

— Merci oui, répondit M. Delteil.

— Berthe, dit Sophie, va donc prier mademoiselle Dodin de laisser venir dîner à la maison son fils ; tu lui diras que Charles-Marie est arrivé et qu'ils s'amuseront ensemble. »

Berthe emmena son neveu par la main, et la gentillesse de l'enfant le fit remarquer des boutiquiers de la ville. Ils arrivèrent ainsi à la demeure de mademoiselle Dodin, qui, en qualité de couturière, avait quelques relations avec les marchandes de modes. Quand Berthe entra avec Charles-Marie, le petit Dodin était assis sur un haut tabouret près du fourneau, et il suivait avec un intérêt marqué la fumée qui sortait d'une casserole de cuivre. Il pinçait la bouche et les ailes de son nez s'ouvraient frémissantes pour mieux accaparer une odeur de lard grillé qui remplissait l'appartement. En apprenant qu'il était invité à dîner, Dodin ne se sentit pas de joie, et il serait parti immédiatement s'il n'eût pas attendu la réussite de petits morceaux de lard frémissant dans le beurre, qu'on appelle des *lardons*.

« Il est gourmand comme pas un, » dit mademoiselle Dodin avec un sourire doux qui montrait combien elle était faible pour son fils.

Cependant, les *lardons* étant mangés, Dodin pensa à courir avec son nouveau compagnon, et il l'emmena jouer sur la promenade la plus voisine du magasin des sœurs Carillon.

Le dîner se passa convenablement ; M. Delteil mangeait peu et se montrait aussi embarrassé de dîner chez les marchandes de modes que s'il eût été assis à table entre deux princesses. Si les trois sœurs n'eussent veillé constamment à lui couper du pain, à lui servir à boire, il serait resté sur sa chaise sans mot dire. Dodin demandait des explications à chaque plat, et fournissait des explications telles qu'un bon chef de cuisine eût pu les recueillir.

« Y aura-t-il de la charlotte ? s'écria tout à coup Dodin.

— Non, dit Sophie en riant.

— Oh ! comme maman les fait bien ! s'écria Dodin en passant sa langue sur ses lèvres.

— Je ne sais pas faire la charlotte, » dit Sophie.

Alors Dodin se recueillit, prit un air grave, et dit :

« Pelez et épluchez vingt pommes de reinette que vous coupez par morceaux, mettez-les dans une casserole où vous avez fait fondre un morceau de beurre et ajoutez du sucre et de la cannelle; faites feu dessus et dessous. En ne les remuant pas elles ne s'attacheront pas; quand elles seront fondues, passez-les en purée et faites un peu réduire sur le feu sans laisser attacher.

— Mais tu nous récites *la Cuisinière bourgeoise,* dit Berthe.

— Attendez un peu, dit Dodin; taillez des mies de pain en croûtons, en cœur, dont vous garnissez le fond d'un moule sans qu'il y ait de jour entre, la pointe des cœurs au centre; garnissez aussi de croûtons le tour.

— Est-ce un élève du collége? demanda M. Delteil à voix basse à Sophie.

— Oui, monsieur, dit-elle, il va entrer en septième. »

M. Delteil poussa un profond soupir pendant que Dodin continuait :

« Tous ces croûtons se trempent dans du beurre fondu. Placez votre marmelade dedans par lits et ajoutez entre chaque lit un lit de marmelade d'abricots. »

Ici Dodin s'arrêta.

« Enfin, c'est fini, dit Sophie. Cela t'amuse, dit-elle à Charles-Marie, qui riait de cette singulière mémoire. »

Pour Dodin, il était inquiet, répétant à voix basse et à diverses reprises :

« Un lit de marmelade d'abricots... »

Il ne s'inquiétait pas de ce qui se passait autour de lui.

« Ah ! s'écria-t-il en poussant un cri de joie, je ne me rappelais plus : recouvrez la marmelade d'un couvercle de tranches de pain très-minces, et faites cuire avec feu dessus et dessous; vingt minutes suffisent pour prendre couleur ; renversez sur le plat et servez chaud. »

Ayant fini, il regarda l'assemblée comme pour quêter des applaudissements; M. Delteil, de désespoir, levait les yeux et les mains au ciel; Dodin se méprit sur l'état des esprits, il crut qu'il n'avait pas déployé assez de mémoire.

« Pour la charlotte russe aux pommes, dit-il, on

dispose des biscuits de la même façon que pour la charlotte russe; on fait cuire des pommes au beurre...

— Assez, mon ami, assez, dit Caroline Carillon, qui n'apportait pas au repas l'air content de ses sœurs.

— Maman m'écoute toute la journée cependant, dit Dodin; c'est peut-être parce que je vous parle de dessert, je sais aussi toutes les façons d'accommoder les œufs.

— Non, mon petit ami, nous savons faire cuire les œufs, dit Caroline.

— A la rentrée des classes, dit Dodin, j'apprendrai par cœur les potages. »

M. Delteil sauta sur sa chaise.

« Et puis après le bœuf, continua Dodin; maman dit qu'il faut suivre par ordre le livre de cuisine, que ça exerce mieux la mémoire.

— Je ne vous conseillerai pas, disait M. Delteil à Sophie, de laisser trop fréquenter Charles-Marie par ce petit... » et il hésita quelque temps : « Par ce petit... marmiton.

— Il n'est pas méchant, dit Sophie, mais sa mère le gâte.

— Au moins, dit Berthe, qui s'amusait de Dodin, sais-tu faire les crêpes ?

— Je crois bien, dit Dodin; de trois manières. Voulez-vous que je vous récite la façon de faire les crêpes anglaises ?

— Non dit Berthe.

— Et les crêpes polonaises ? s'écria Dodin.

— Aimes-tu les crêpes ? demanda Berthe à Charles-Marie.

— Oui, dit-il.

— Eh bien, nous en ferons tout à l'heure, » dit Berthe.

En ce moment on entendit la sonnette de la porte de la boutique.

« Voilà le docteur, dit Sophie Carillon. Ah ! mon cher docteur, arrivez vite, nous allons faire des crêpes.

— C'est bien lourd, dit le médecin en promenant ses gros yeux sur l'assemblée.

— Mon cher docteur, dit Sophie, j'aurais bien voulu vous avoir, mais je savais que c'était votre jour de dîner chez mademoiselle votre sœur. J'ai l'honneur, continua-t-elle, de vous présenter M. Delteil, professeur au collége. »

Les deux hommes se saluèrent, tous deux un peu gênés.

« Maintenant voici Charles-Marie, mon neveu... Eh bien, vous ne l'embrassez pas? »

M. Triballet frotta ses grosses joues rouges contre celles du petit garçon.

« Qu'y a-t-il de neuf? demanda Sophie au docteur.

— La moitié de dix-huit, » répondit-il avec un énorme rire qu'il ne manquait jamais d'attacher à cette plaisanterie provinciale.

M. Delteil releva la tête, effrayé de cette réponse désordonnée dont il ne comprenait pas le sens. L'aînée des demoiselles Carillon essaya seule de rire du mot du docteur.

« Je vais faire arracher mes vignes, dit le docteur.

— Ah ! pourquoi ?

— Parce que la vigne ne rapporte rien sur la montagne; l'entretien, les frais de transport me coûtent les yeux de la tête; il faut que j'attende deux ans pour avoir un petit vin à peu près passable, et mon jardinier m'a conseillé d'y planter des asperges. »

En entendant parler d'asperges, le petit Dodin dressa les oreilles.

« Est-ce que tu sais les accommoder? lui demanda Berthe qui avait pris plaisir à troubler la discussion du docteur.

— Non, dit Dodin, les asperges sont à l'article légumes, et je ne l'ai pas encore appris. »

Sophie Carillon se leva de table, car elle voyait M. Delteil gêné, ne pouvant se mêler à la conversation; et quand le docteur parlait de ses vignes, de ses jardinages et de ses prés, il était difficile d'arrêter ses paroles d'agriculture.

« Faisons-nous des crêpes? demanda Berthe.

— Oui! s'écria Dodin.

— Monsieur va donc apprendre le latin au petit neveu? disait M. Triballet à M. Delteil; ça doit être bien pénible.

— Quand les enfants sont doux... répondit le professeur.

— Je n'aurais jamais pu, dit le docteur; ces diables de noms... même la boutique d'un pharmacien me troublent la tête, avec leurs mots en *us*, en *um*. Ce n'est pas parler, ça. Au régiment, jamais je n'ai donné à mes soldats de toutes ces drogues. Il faut être bien sot pour croire qu'on guérit avec du latin. Si j'avais un fils, j'aimerais mieux qu'il ne sache rien que de s'emplir le cerveau de ces mots inutiles.

— Mais, monsieur, disait M. Delteil, la botanique, cependant, a latinisé beaucoup d'herbes et de plantes.

— Bah! la botanique; je m'en vais dans un bois, je connais les plantes, je les cueille, je les rapporte, je les fais bouillir, j'en fais une bonne infusion, je la donne à mes malades s'ils en ont besoin. Est-ce que ça rend l'infusion meilleure de mettre *barbaro* sur la bouteille?

— Je croyais, dit timidement M. Delteil, qu'il n'y avait pas moyen d'étudier la botanique sans connaître un peu le latin.

— Bah! bah! c'est comme vos ouvriers d'aujourd'hui, vos petits bourgeois, vos marchands, disait M. Triballet, qui s'échauffait par la discussion, les voici qui mettent leurs fils au collége. Je vous demande un peu à quoi ça les avance; si j'ai besoin qu'un avocat me parle latin, ou mon notaire, ou mon menuisier! il leur faut aussi du grec... C'est les pédants qui...

— Allons, monsieur Triballet, dit Sophie en le prenant par le bras pour délivrer M. Delteil, ne vous fâchez pas; tenez, vous avez le sang à la tête.

— Ah! je lui ai bien dit son affaire, à votre professeur.

— J'espère, dit Sophie, que vous ne lui avez rien dit de désagréable.

— Je ne l'aime pas, votre petit homme habillé de noir. Est-il maigre et jaune! C'est le latin qui l'a mis dans cet état.

— Voyons, monsieur Triballet, ne soyez pas injuste, vous êtes bon ordinairement.

— C'est vrai, vous allez rendre ainsi votre neveu.

— Vraiment, dit Sophie.

— Je vous le dis, faites-lui apprendre une bonne profession.

— Charles-Marie aime à s'instruire, il passe son temps à lire.

— Alors, s'il aime les livres, c'est différent; il faut le laisser faire. »

M. Delteil, terrifié par l'attaque du médecin Triballet, s'était réfugié dans un coin de la salle à manger, où il fut rejoint par Charles-Marie, qui sauta sur ses genoux et caressa le vieux professeur comme s'il eût voulu lui faire oublier ce petit désagrément. Pendant ce temps, Caroline Carillon desservait la table, et Berthe, suivie de Dodin, était allée chercher les diverses matières qui entrent dans la composition des crêpes.

« Je vous en prie, disait Sophie, soyez aimable avec M. Delteil, c'est un brave homme.

— Bah! vous donnez vos qualités à tout le monde; vous ne le connaissez pas, il arrive d'hier et vous vous jetez à sa tête.

— On voit sur sa figure combien il est bon.

— Un étranger! s'écria M. Triballet.

— Eh bien, je l'aime ainsi.

— Alors je m'en vais, dit le docteur.

— Comment, s'écria Sophie, vous nous quittez!...

— Ma canne, mon chapeau; où est ma canne? disait M. Triballet en furetant dans tous les coins de la salle à manger.

— Ah! monsieur Triballet, c'est mal.

— Qu'est-ce que tu as?» dit Caroline, qui vit sa sœur toute chagrine.

Pendant ce temps, M. Triballet avait retrouvé sa canne. Il salua l'assemblée d'un signe de tête et sortit.

— Comme vous avez l'air drôle! dit Caroline en courant après le docteur dans la boutique.

— C'est vrai, dit-il en grommelant.

— Qu'avez-vous? êtes-vous indisposé?

— Non, dit le docteur; votre sœur... Bah! »

Et il sortit laissant Caroline inquiète et ne comprenant pas un mot à ces querelles.

« Voilà de quoi faire les crêpes, dit Berthe, qui rentrait, suivie de Dodin qu'elle avait habillé en cuisinier. Où va donc M. Triballet? demanda-t-elle à Sophie, qui était assise l'air réfléchi.

— Il est parti, dit Caroline.

— Déjà! dit Berthe; il n'a donc pas voulu attendre les crêpes?... »

Et elle se mit à délayer sa farine avec des œufs. « Une cuillerée d'eau-de-vie, une bonne pincée de sel, une cuillerée d'huile et deux de fleur d'oranger, moitié eau et lait pour l'éclaircir et lui donner la consistance d'une bouillie, débita gravement Dodin.

— Très-bien, dit Berthe, j'obéis à vos ordres, monsieur le cuisinier.

—Cette pâte, continua Dodin, doit être préparée trois ou quatre heures d'avance.

— C'est trop long, dit Berthe, nous ne mangerions pas de crêpes aujourd'hui.

— Allumez un feu clair de menu bois, dit Dodin.

— Puisque tu es si fort, dit Berthe, tu es condamné à tenir la queue de la poêle. »

La soirée se passa joyeuse, égayée par la maladresse de Dodin, qui, accoutumé à faire sa cuisine dans un pupitre, perdait la tête avec une grande poêle en main. Il fut déclaré mauvais praticien et cuisinier de mémoire. A onze heures du soir, M. Delteil fut étonné d'avoir oublié de travailler à son grec, et il remonta précipitamment chez lui se coucher, trouvant ses hôtesses fort aimables, mais craignant de se laisser entraîner à des plaisirs de table que la science repousse.

V

Histoire singulière d'un crocodile.—M. Bineau père en devient journaliste.

Le lendemain se fit la rentrée des classes. M. Tassin tint un discours à ses pensionnaires, puis à ses externes, puis aux professeurs, puis aux musiciens. Son emphase importante avait doublé pendant les vacances; le succès l'enivrait, et il créa un tambour-major. Ce fut Larmuzeaux qui s'éprit de cette nouvelle passion. Après avoir élevé des vers à soie et des pigeons, Larmuzeaux eut l'ambition de marcher en tête du collége, tout galonné d'or. Sa figure pâle, maigre et blafarde, disparut sous les poils d'un énorme colback. Peut-être était-ce une coquetterie pour dissimuler ses grandes oreilles plates qui s'étalaient outrageusement sur le chapeau à cornes. Mais Larmuzeaux fut un tambour-major mélancolique. Au lieu de porter la tête haute, il la tenait baissée, ayant l'air de chercher un trésor avec sa canne à glands.

Les débuts de Larmuzeaux ne furent pas heureux. Le petit Bineau profita d'une absence momentanée de M. Tassin pour dessiner sur le bel habit doré du tambour-major une grosse souris blanche à la craie. Larmuzeaux traversa ainsi la ville, suivi d'une troupe de galopins qui se moquaient de lui en l'accompagnant de morceaux d'assiettes cassées dont ils jouaient avec l'agilité des danseuses espagnoles. Cependant, Bineau avait été nommé caporal de musique et il commençait à ternir l'éclat de ses galons d'argent par une action déplacée. Mais en dehors de la musique, Bineau ne respectait rien. A peine tolérait-il les penchants industriels de Lagache, l'art culinaire de Dodin, l'intelligence de son ami Canivet et les dessins de Cucquigny. M. Delteil eut tous ces jeunes gens sous sa direction ; c'étaient les têtes fortes de la classe, les autres étaient de lourds paysans rougeauds qui arrivaient au même but par le travail et la paresse. Sortis du collége, ils devaient retourner faire de l'agriculture et succéder à leurs pères, fermiers.

M. Delteil ayant fait ranger ses élèves sur une seule ligne les passa en revue de près et prit leurs noms. La première huitaine fut consacrée à se reconnaître et à s'étudier. Les élèves tâtaient le professeur plutôt que le professeur ne tâtait ses élèves. C'est à la rentrée des classes que chaque professeur s'arme pour le long combat qui dure un an ; il étudie les masses et les individualités ; il cherche à se rendre compte si l'élément bon est supérieur à l'élément mauvais ; il réserve toute son attention pour les minorités qui peuvent devenir des majorités dangereuses. L'indiscipline se gagne comme la fièvre et couve comme le feu. Certains professeurs ont des méthodes de despotisme et de brutalité dont ils font parade au début et qu'ils adoucissent peu à peu quand ils sont certains d'être maîtres du terrain ; mais dix années d'enseignement n'avaient pas formé M. Delteil, qui était le même à son arrivée au collége de Laon que quand il entra à l'Université. Il connaissait ses élèves à la longue, parce que des rapports fréquents le faisaient se rencontrer avec eux; mais il ne les devinait pas et n'apportait ni méthode ni tactique dans sa carrière. Son dictionnaire avait tellement rempli les cases de son cerveau, qu'il était incapable de s'occuper d'autre chose.

Les enfants de dix ans étaient toujours supérieurs à M. Delteil, et s'il avait passé des années tranquilles, c'est qu'il eût des natures douces et tranquilles. La première chose qui frappa les élèves, ce fut la myopie du professeur. Cucquigny, le grand dessinateur de la bande, dessina de grandes lunettes de papier blanc, qu'il posait sur son nez en récitant. On essaya jusqu'où s'arrêtait la courte vue du professeur par un moyen bien simple. Au bout de huit jours, M. Delteil connaissait à peu près tous ses élèves: il les reconnaissait plutôt à la couleur de leurs habits qu'à leur figure, car, suivant l'habitude des gens myopes, il ôtait ses lunettes pour écrire. La grande tactique des écoliers est de demander à sortir pendant la classe sous prétexte de satisfaire à différents besoins; la règle est de n'en laisser sortir qu'un à la fois, afin que les deux camarades ne se rencontrent pas pour jouer dans les cours. Le premier qui demanda à sortir fut Larmuzeaux; il obtint la permission, et Bineau se leva deux minutes après en faisant claquer ses doigts l'un contre l'autre pour attirer l'attention.

« Monsieur... dit-il.

— Il y a quelqu'un dehors, » dit M. Delteil.

Mais le petit Bineau était aussi rusé que les gueux

de la cour des Miracles; il savait se tordre, faire mille grimaces et mille contorsions provoquées par une feinte colique.

« Bineau est malade, dit Lagache pour venir en aide à son ami.

— Alors, sortez, et ne soyez pas long.

— Tout de suite, monsieur. »

Aussitôt sorti, Bineau se mit à la recherche de Larmuzeaux.

« Donne-moi ta redingote, tu mettras ma veste.»

Larmuzeaux, qui avait une grande redingote à la propriétaire, ne parut pas satisfait de la troquer contre la petite veste de Bineau ; d'ailleurs, le tambour-major mélancolique ne comprenait jamais rien aux farces des externes.

« N'as-tu pas peur que je te mange ta redingote? dit Bineau ; c'est pour attraper M. Delteil.

— Je veux bien, dit Larmuzeaux, mais ta veste sera trop petite.

— C'est justement ce qu'il faut. »

Le tambour-major était d'un tiers plus grand que son camarade; il entra avec peine dans la petite veste de Bineau et sembla avoir grandi du double. Au contraire, Bineau, enterré dans sa grande houppelande marron qui lui tombait sur les pieds, semblait un nain contrefait.

« Nous verrons bien si M. Delteil me prend pour toi,» dit Bineau, qui rentra, ainsi fagoté, au milieu des rires des élèves.

M. Delteil demanda ingénument la cause de cette hilarité, qui redoubla quand Larmuzeaux apparut avec sa petite veste verte, dont les manches lui allaient jusqu'aux coudes.

« Eh bien, messieurs! » dit M. Delteil, qui ne s'apercevait pas que la joie des élèves redoublait d'autant plus qu'ils venaient de saisir la portée du troc d'habits, car Bineau s'était assis à la place de Larmuzeaux, et Larmuzeaux à la place de Bineau.

« Je vous rappellerai à l'ordre, messieurs, » reprit M. Delteil.

Mais le rire avait gagné les élèves et rien ne pouvait l'éteindre. Le professeur eut la conscience que la sortie des deux élèves entrait pour une bonne part dans ce tumulte.

« Monsieur Larmuzeaux, dit-il, venez me parler. »

Le vrai Larmuzeaux, qui n'avait pas le sentiment de la farce, se leva, mais il fut devancé par le petit Bineau, qui, enterré dans sa longue redingote à la propriétaire, se dressa sur la pointe des pieds et crut fermement que M. Delteil serait dupe de son déguisement.

Le professeur, qui avait vu deux Larmuzeaux se lever à son appel, pensa qu'il se passait un fait extraordinaire. Il mit ses lunettes au moment où Bineau se tenait au milieu de la classe.

« Mais qu'est-ce que cela? » dit M. Delteil, qui fut troublé à la vue de cette redingote marron qu'il savait appartenir au tambour-major. Monsieur Bineau, venez me parler. »

Le petit Bineau se tourna vers Larmuzeaux, et continuant son rôle :

« Allons, Bineau, » dit-il.

Avec les manches et la taille courte de la veste verte,

Larmuzeaux était encore plus grotesque que son camarade. Le mélancolique tambour-major ne se sentit pas la force de continuer la plaisanterie. Il vint à regret se placer avec Bineau auprès de la chaire.

« Il me semble, messieurs, dit le professeur, qu'un fait extraordinaire se passe ici.

— Bineau m'a pris ma redingote, dit Larmuzeaux, honteux des rires qu'il excitait.

— Non, monsieur, dit Bineau, c'est lui qui m'a pris ma veste.

— Comment, messieurs, vous vous permettez de tels désordres ! s'écria M. Delteil.

— Rends-moi ma veste, » disait Bineau à son complice.

Mais Larmuzeaux, qui était entré avec beaucoup de difficulté dans la veste, paraissait ne plus pouvoir en sortir.

« Monsieur, dit Bineau, Larmuzeaux ne veut pas me rendre ma veste.

— Monsieur Larmuzeaux, rendez la veste tout de suite, dit M. Delteil.

— Monsieur, il va arracher ma veste ! s'écria Bineau, qui voyait, par les mouvements brusques de Larmuzeaux, compromettre la vie de ses manches. J'ai mis sa redingote parce que je n'avais pas autre chose, disait Bineau au professeur ; mais je la rends, vous voyez.

— Monsieur Larmuzeaux, dit M. Delteil, rendez la veste immédiatement et sans la déchirer. »

Enfin, le malheureux tambour-major sortit des habits de son camarade.

« Pour avoir pris la veste de M. Bineau, monsieur

Larmuzeaux me copiera cinq cents vers, dit M. Delteil.

— Et lui ? s'écria Larmuzeaux, qui, après avoir été victime de la trahison de Bineau, ne pouvait supporter d'être condamné seul.

— On ne doit pas répliquer, monsieur; cela peut aggraver la peine, » dit M. Delteil.

Il se passait rarement un jour sans que M. Delteil fût victime des plaisanteries de ses élèves. Cucquigny, qui avait la facilité spirituelle d'un caricaturiste, après avoir essayé plus de mille contours d'après le professeur, arriva à un profil satisfaisant et facile à exécuter. Les murs du collége furent couverts de Delteils. M. Tassin un jour s'arrêta devant un de ces dessins naïfs qui s'étalait audacieusement en gros traits charbonnés sur le mur blanc de la cour. Il en rit en le montrant à un professseur. La bande sut que le principal avait ri, et les Delteils coururent la ville et même la campagne ; car Cucquigny, en une séance, se chargeait de faire des élèves et dévoilait le procédé facile pour arriver à la caricature du professeur de septième. On en arriva aux portraits coloriés. M. Delteil en reçut par la poste, pendant huit jours, après quoi il pria les demoiselles Carillon de refuser toutes les lettres à son adresse ; et un matin, en entrant en classe, il ramassa nombre de Delteils coloriés qui encombraient le plancher. Les grandes bottes, les lunettes et le teint cuir de Russie du professeur étaient accusés avec beaucoup de malice.

« Je ne sais pas, messieurs, lequel d'entre vous se plaît à répandre ces images, dit le professeur, mais soyez certains que je m'en plaindrai à M. le principal. »

En effet, après la classe, M. Delteil monta chez M. Tassin et lui présenta une vingtaine d'épreuves de son portrait.

« Quel est le coupable ? demanda le principal.

— Je ne le connais pas, dit M. Delteil.

— Alors, monsieur, cela ne me regarde pas; je ne peux pas faire la police de chaque classe. Mon devoir est de réprimer un désordre général, mais non pas de veiller à ce qui se passe chez mes professeurs. C'est à eux que revient cette tâche. Je ne connais pas les élèves de septième; vous devez les connaître, vous, qui vivez avec eux.

— Sans doute, je les connais, dit M. Delteil, mais...

— Il est présumable, dit M. Tassin, que si vos élèves se permettent des farces semblables, c'est que vous leur en avez donné le droit.

— Ah! monsieur...

— Certainement; les élèves ne sont que ce que les fait le professeur. »

Il y avait alors au collége de Laon un professeur de mathématiques, nommé Goudrillas, qui était entré la même année que M. Delteil. C'était un homme du midi de la France, gasconnant, sale dans ses habits et mangeant perpétuellement des bâtons de sucre d'orge pendant la classe, motifs qui devaient le rendre ridicule aux yeux des élèves; mais M. Goudrillas semblait une tempête par la brusquerie de ses mouvements, sa barbe négligée et ses cheveux rejetés en grandes touffes noires derrière la tête. Quand, après avoir retroussé ses manches, il s'approchait du tableau noir en le couvrant de chiffres à la craie et qu'il démontrait un problème, on n'eût pas entendu voler une mouche dans la classe. Ayant trouvé à son arrivée les élèves d'une faiblesse extrême en arithmétique, il déclara qu'il ferait mettre à la porte du collége ceux qui oseraient se présenter sans devoir. Enfin, il sema la terreur dans l'esprit de ses élèves.

Heureusement Canivet avait le génie des mathématiques; il ne travaillait pas plus que ses amis, et cependant il était toujours le premier en classe. Pour épargner des punitions à ses amis, il rédigeait de faux problèmes et les distribuait à Dodin, à Bineau et à Lagache. Les travaux se faisaient généralement entre midi et une heure et demie, sur un des arbres de la Plaine, qui est une promenade aux environs du collége. En revenant de déjeuner, les quatre amis se donnaient rendez-vous sur l'arbre, y grimpaient avec plumes, papier et encre, s'accrochaient aux grosses branches, et écrivaient sous la dictée de Canivet. C'était là que se tramaient les complots contre le professeur Delteil, qui se promenait quelquefois sous les ormes, sans se douter qu'au-dessus de sa tête on s'occupait activement de lui. Ses élèves ne tenaient pas compte de sa bonté, et les bulletins qu'il leur donnait tous les samedis auraient dû les désarmer. Dodin, qui, hormis les questions de cuisine, était d'une incapacité reconnue, s'en retournait généralement chez sa mère avec un bulletin ainsi conçu :

Thème. . . . . *doucement.*
Version . . . . *doucement.*
Mémoire. . . . . *doucement.*
Conduite . . . . *doucement.*
Langue française . . . . *doucement.*

Bineau, qui était l'âme damnée du collége et qui aurait fait damner un saint, voyait tous ses défauts se changer en *légèreté.* M. Delteil n'était embarrassé que pour donner des places aux compositions de ses élèves qui n'en faisaient pas. Il était rare que Lagache, Larmuzeaux, Cucquigny, Bineau et Dodin prissent la peine d'apprendre une leçon par cœur. Ils se plaignaient tous les cinq de manquer de mémoire, et le professeur les croyait, à ce point qu'il ne manqua jamais d'ajouter à la colonne observation sur ses bulletins du samedi : « Manque absolu de mémoire. »

M. Delteil eût pu ajouter avec plus de vérité : « Manque absolu de livres. » Dodin avait vendu ses dictionnaires au poids à un épicier de la ville, et ceux de Bineau avaient été volés, malgré les vers macaroniques et le terrible châtiment indiqué sur la première page du livre. Les livres de Larmuzeaux portaient en tête :

Ce livre est à moi
Comme Paris est au roi.

Mais, de même que plus d'un roi perdit Paris, Larmuzeaux fut privé de ses livres. Ceux de Dodin étaient ornés d'une petite vignette représentant un homme accroché à une potence, avec cette légende :

Accipe Pierrot pendu
Qui hoc librum n'a pas rendu ;
Si Pierrot l'avait rendu,
Pierrot pendu non fuisset.

Quelques-uns imaginèrent de décorer les couvertures de leurs dictionnaires de dessins ingénieux à l'encre, tels que losanges, cercles, ovales et autres figures obtenues avec les compas; mais une main mystérieuse arrachait les couvertures de tous les livres du collége.

Les élèves crurent arriver à une conservation positive en signant leur nom au milieu de la page 50; toutes les pages 50 furent déchirées. Enfin, chaque moyen nouveau employé pour la conservation des livres se tournait en moyen de destruction. Jamais on n'acheta autant de livres classiques que cette année; les parents se plaignirent, et déterminèrent M. Tassin à faire une enquête inutile, car le coupable resta inconnu. Le principal, qui avait une remise du libraire de la ville, ne voyait pas sans une secrète joie ces mutilations.

Au milieu de tous ces désordres qu'il ignorait, Charles-Marie passait pour le meilleur élève de huitième, où il avait l'honneur d'être nommé le premier presque à chaque samedi. Sophie Carillon était heureuse de ses petits succès; elle le disait à M. Delteil quand elle le rencontrait, ce qui était rare, car le professeur profitait de ses intervalles de classe pour travailler sans relâche à son grand dictionnaire. Il dit un jour à la marchande de modes qu'il verrait le professeur de huitième, afin de lui demander si Charles-Marie n'était pas en état de monter d'une classe, même au milieu de l'année; et, quelques jours après, il annonça que le professeur de huitième en ferait la proposition au principal du collége; cependant, qu'il serait peut-être bon que Sophie allât rendre visite à M. Tassin.

« Eh bien! docteur, dit l'aînée des sœurs à M. Triballet, notre gentil neveu va sans doute entrer en septième ; il est trop avancé pour rester avec les autres élèves de sa classe. »

Le docteur avait cessé ses attaques contre le latin depuis la ridicule sortie qu'il s'était permise au dîner contre M. Delteil. Sa colère lui avait trop coûté ; il resta deux jours sans reparaître, craignant d'être mal reçu, et il fallut que Sophie l'envoyât chercher, feignant un redoublement dans ses attaques de nerfs.

« Ce sera donc un savant ! dit-il. Après tout, c'est une partie comme une autre.

— Que je serai donc heureuse quand il sera reçu bachelier !

— Il faut lui faire étudier la médecine, dit M. Triballet ; je lui donnerai mes malades.

— Mais vous n'en avez pas, dit Berthe.

— J'en aurais par-dessus la tête, si je voulais, et je m'y remettrais volontiers pendant quelques années pour Charles-Marie.

— Comme vous êtes bon, docteur ! s'écria Sophie.

— Oh ! bon... dit Berthe, il y a des jours.

— Allons, Berthe, tu sais que nous avons fait la paix avec le docteur.

— C'est égal, dit Berthe, je ne peux pas lui pardonner d'avoir fait aussi peu d'honneur à mes crêpes.

— Mais, dit M. Triballet pour changer d'entretien, je ne vois pas mademoiselle Caroline.

— Elle est rentrée chez elle, dit Berthe.

— Il me semble qu'on ne la voit plus aussi souvent.

— C'est vrai, dit Sophie, elle est triste maintenant, elle ne parle pas, elle s'enferme, et il me semble qu'elle a quelquefois les yeux rougis.

— Diable! dit le docteur; est-ce qu'elle deviendrait malade ?

— Vous devriez bien lui parler, ce soir, dit Sophie; nous irions nous promener avec Berthe à Saint-Just, et pour avoir l'air plus naturel, vous feriez semblant de venir nous chercher.

— Oh! oui, dit le docteur; je saurai certainement ce qui la rend ainsi.

Mais le docteur s'était un peu trop avancé; quand il se trouva seul avec Caroline et qu'il lui eut demandé des nouvelles de sa santé, la conversation tomba tellement bas qu'il était difficile de la ramasser. Caroline Carillon était arrivée jusqu'à l'âge de vingt-huit ans conservant la gaieté d'une enfant : active, aimant ses sœurs, elle ne reculait pas devant les nuits à passer pour se livrer aux travaux de broderies qui servaient de base à la boutique; son seul temps de récréation se passait à une sorte d'épinette dont elle s'accompagnait en chantant. Puis tout d'un coup l'ennui la prit; sa figure pâlit, elle ne parla plus à ses sœurs, et à peine leur disait-elle bonjour. Quand Sophie se plaignait de son changement de conduite, elle fondait en larmes et montait en courant dans sa chambre. Le docteur Triballet était incapable de sonder cette douleur morale.

« C'est surtout quand vient la nuit, lui dit-elle, que mon cœur se serre et que j'ai l'esprit plein de tristesse.

— Ah! dit M. Triballet, il faudrait vous distraire, ma chère enfant. »

Caroline sourit péniblement.

« On dirait, s'écria-t-elle, que je couve un grand malheur.

« — Allons donc, il ne faut pas avoir de ces idées-là. Pourquoi n'allez-vous pas vous promener avec vos sœurs ?

— Je sens que je les attristerais encore plus, elles ne peuvent rien pour moi, et je m'en veux de me conduire ainsi à leur égard; mais c'est plus fort que moi.

— Allons, ce n'est rien, mademoiselle Caroline, dit le docteur, cela passera.

— Je ne le crois pas, dit-elle.

— Depuis quand êtes-vous ainsi?

— Depuis l'arrivée à la maison de M. Delteil.

— Comment! s'écria le docteur en essayant d'ouvrir de grands yeux, le professeur; c'est singulier. »

En parlant ainsi M. Triballet regarda Caroline, pour voir si elle ne se moquait pas de lui; mais sa figure ne changea pas, et elle ne s'aperçut pas que le docteur la regardait avec une quasi-épouvante.

M. Triballet était pressé de porter cette nouvelle à Sophie; il profita de l'arrivée de Charles-Marie, qui revenait du collége, pour courir sur la promenade Saint-Just de toute la vitesse que lui permettait son gros ventre. Quand il rencontra les deux sœurs, il soufflait de façon à déraciner un arbre. Il poussa tant de oh ! et de ah ! que Sophie était partagée entre une envie de rire immodérée et la crainte d'apprendre une nouvelle fâcheuse.

« Le feu est à la maison, s'écria-t-il.

— Chez nous? s'écria Berthe.

— Ce M. Delteil..... Seigneur.....

— Quoi? dit Sophie.

— Vous nous faites mourir.

— Je l'avais bien dit! s'écria M. Triballet.

— Qu'a-t-il fait?

— Il a ensorcelé votre sœur. »

Les morts du cimetière Saint-Just durent entendre, au fond de leur cercueil, les éclats de rire des deux sœurs à cette nouvelle.

« Riez, riez tant qu'il vous plaira, reprit M. Triballet un peu humilié, lui qui avait compté sur l'effet que produirait sa révélation. Elle me l'a bien dit.

— Caroline?

— Elle-même.

— Mon bon docteur, dit Sophie Carillon, décidément M. Delteil vous tournera la tête.

— Elle est déjà tournée, dit Berthe.

— C'est trop fort, disait M. Triballet, de ne pas me croire!

— Enfin, qu'est-il arrivé entre vous et Caroline?

— Elle prétend qu'elle ne souffre pas, mais qu'elle est dans un état singulier depuis l'arrivée de M. Delteil dans votre maison.

— Et puis? demanda Berthe.

— Eh bien, dit le docteur, cela ne vous suffit-il pas?

— Je voulais connaître la fin, dit Berthe.

— Il n'y a pas de fin, dit M. Triballet, j'ai été tellement effrayé que je me suis sauvé là-dessus.

— Vous êtes bon, docteur, et je vous remercie, dit Sophie, mais vous vous êtes alarmé à tort. Quoique Caroline ne m'ait rien dit, je comprends ce qu'elle vous a avoué, c'est-à-dire que sa mélancolie remonte à l'époque de l'entrée de M. Delteil chez nous.

— Positivement, dit le docteur.

— Mais elle ne vous a pas dit que M. Delteil en fût la cause.

— C'est vrai, dit M. Triballet en voyant s'écrouler en quelques mots l'échafaudage qu'il avait bâti en route.

— Voyons, docteur, reprit Sophie; vous avez donc supposé quelque passion profonde qui animait Caroline?

— Non, dit M. Triballet.

— Alors que pensiez-vous?

— Rien, dit le pauvre docteur à bout de raisonnement.

— Ah! si M. Delteil vous avait entendu?

— Eh bien, dit le docteur?

— Avouez que vous lui auriez fait perdre la tête; il a été bien dévoué pour nous; il nous conseille d'envoyer Charles-Marie au collége seulement comme externe libre, c'est-à-dire qu'il suivra seulement les classes, et qu'il fera ses devoirs comme chez nous.

— Dans quel but? demanda M. Triballet.

— M. Delteil prétend que sa classe est composée de mauvais sujets, et qu'il n'est pas bon que mon neveu les fréquente trop; d'un autre côté, comme Charles-Marie n'est pas aussi avancé que les forts de la classe, M. Delteil lui donnera quelques répétitions.

— Une fois, dit le docteur, que vous avez décidé de faire de votre neveu un savant, tout est bien. »

Les deux sœurs trouvèrent en rentrant Charles-Marie qui étudiait sa leçon pour le lendemain. Il apportait à l'étude une ardeur telle que Sophie fut obligée de le priver de chandelle, car il eût passé une partie des nuits à lire. Dans les promenades de collége il s'écartait de ses camarades, s'enfonçait dans le bois, et il fut surpris plus d'une fois lisant des livres que M. Delteil empruntait à la bibliothèque de la ville. Aussi était-il regardé d'un mauvais œil par la bande de Bineau, qui avait compté sur lui comme auxiliaire; mais Charles-Marie, par sa nature rêveuse et contemplative, était incapable de s'associer aux folies de ses camarades.

Dodin lui proposa un jour de s'emparer de la grenouille de Larmuzeaux; et Charles-Marie crut qu'il s'agissait de la rendre à la liberté, il la plaignait d'être renfermée dans un pupitre; mais quand Dodin lui eût expliqué qu'il s'agissait de faire frire la grenouille, il s'éloigna brusquement de son camarade et cessa d'avoir avec lui des rapports amicaux. Son meilleur compagnon fut un tambour qui était méprisé des collégiens parce qu'il devait son éducation gratuite à ses baguettes. Il s'appelait Pelletier et était le fils d'un pauvre maçon de Laon; mais on ne le connaissait dans le collége que sous le surnom de *Tapin*. Charles-Marie se lia de grande amitié avec le Tapin, poussé par la même sympathie puissante et inconnue qui fit que M. Delteil en arrivant dans la ville alla se loger chez les trois sœurs. Le fils de Pelletier le maçon, qui avait étudié d'abord chez les frères, communiqua à Charles-Marie sa passion favorite qui était de collectionner des coquillages fossiles. La montagne de Laon est composée de couches de terrain formé par endroits de nombreux coquillages blancs et friables qui s'enchevêtrent les uns dans les autres, et que le moindre toucher réduit en poussière. Cependant Pelletier avait découvert des parties de la montagne où ces coquilles présentaient plus de solidité ; étant entré un jour par hasard à la bibliothèque de la ville, il aperçut dans une vitrine, entre un vieux singe empaillé et une dizaine de médailles romaines, quelques échantillons de ces fossiles dont un amateur avait fait cadeau à la ville. Il demanda des explications sur ces coquilles dont il ne comprenait pas la valeur à cause de leur grande abondance dans la montagne, et il apprit combien il était difficile de se les procurer entières : alors il se voua tout à fait à la recherche des précieux fossiles dans le but d'augmenter la collection de la bibliothèque; mais comme le temps de Pelletier était borné à cause de ses fonctions de tambour, qui lui laissaient moins de liberté qu'à un autre élève, après avoir dressé Charles-Marie à la recherche de ces fossiles, tous deux parvinrent bientôt à créer une petite collection, dont ils ne se rendaient pas compte dans le principe, mais qui les mena plus tard à l'étude des sciences naturelles.

La bibliothèque publique de Laon est située dans la préfecture ; l'entrée est une petite porte basse et mesquine qui donne sur un jardin, et que les employés peuvent apercevoir de leurs bureaux. Bineau le père, qui était chef de bureau, remarqua l'assiduité à la bibliothèque de Charles-Marie et de son ami Pelletier. Cela le surprit d'abord à cause de leur âge, ensuite parce que cet établissement était entièrement désert; le bibliothécaire était un prêtre appartenant à une des nombreuses congrégations dissoutes après la révolution, qui allait dire tous les jours sa messe à onze heures, et qui venait ensuite au milieu des nombreux volumes laissés par les bénédictins, attendant des lecteurs qui n'arrivaient pas. Une fois dans son fauteuil de cuir, placé sous le grand crocodile empaillé suspendu au plafond, le bibliothécaire ne bougeait pas et semblait un vieux volume relié assis. L'absence complète de visiteurs, le silence de la grande salle, la poussière, les grands in-folio qui ne variaient pas de place avaient fait du vieux prêtre une sorte de machine sans parole, se levant comme un ressort à quatre heures du soir, et ramenée, par le même ressort, le lendemain à midi sonnant.

« Qu'est-ce que viennent faire ici ces deux petits collégiens ? demanda le chef de bureau au concierge de la préfecture.

— Je ne sais pas, monsieur ; ils arrivent avec des coquillages plein leurs poches et ils les déposent dans l'armoire vitrée.

— Pourquoi faire? » se dit M. Bineau, qui eut bientôt la clef de ce mystère, car à une séance du conseil municipal dont il faisait partie, il fut chargé de répondre à une lettre du bibliothécaire qui priait les administrateurs de Laon de disposer d'une faible somme sur le budget de la ville pour enrichir la bibliothèque de quelques livres, au nombre desquels se trouvaient trois ouvrages ayant rapport à l'histoire des fossiles. M. Bineau dit à son fils :

« Pourquoi ne vas-tu pas à la bibliothèque t'amuser les jours de congé? »

Le petit Bineau crut que son père voulait rire.

« Ce n'est pas drôle, dit-il.

— Au contraire, dit le chef de bureau; tes camarades y vont bien.

— Qui ça? demanda Bineau.

— Le neveu de mademoiselle Carillon.

— Charles-Marie ? dit Bineau fils.

— Oui; avec un autre que je ne connais pas; ils s'occupent, ils apportent des coquillages. Voilà des enfants qui se rendent utiles à la ville. Est-ce que tu ne pourrais pas apporter des coquilles ?

— Moi ! s'écria avec un souverain mépris le petit Bineau.

— Pourquoi pas ? dit le père.

— C'est comme ça, dit madame Bineau, qu'on se fait une position petit à petit.

— Certainement, dit le chef de bureau; si tu voulais, un jour ou l'autre, je te ferais nommer bibliothécaire... Il faut penser à l'avenir.

— Ça m'ennuie les livres, dit le petit Bineau.

— C'est bientôt dit, je n'aime pas les livres. Qu'est-ce que tu veux faire par la suite ?

— Tout cela est bien de votre faute, monsieur Bineau, dit la mère, avec cette musique que vous lui avez fourrée dans la tête, il ne pense qu'à la musique; voilà un bel état, musicien!...

— Il faut aller demain à la bibliothèque, dit le chef de bureau ; regarde ce qui s'y passe, demande des renseignements, aie l'air de t'en occuper. Iras-tu ? je te donnerai quelque chose...

— J'irai, dit Bineau, qui ne songea plus qu'à y emmener ses amis.

— Il y a des objets fort curieux, à cette bibliothèque, dit le chef de bureau : des manuscrits, des animaux préparés, une collection de médailles, des peintures, tout cela est fort intéressant; tu demanderas des livres à figures. Je voudrais avoir le temps, moi ; il est si facile de s'instruire dans ces endroits-là!... on a tout sous la main... Regarde les portraits des grands hommes de Laon, les peintures du fameux Plumet, que j'ai connu et qu'on appelait alors le petit Plumet, des chefs-d'œuvre à la gouache; elle est excessivement riche notre bibliothèque, au moins vingt mille volumes... Un amateur nous a offert encore dernièrement, au conseil municipal, une bonne somme du crocodile empaillé; nous n'avons pas voulu. Ces objets-là font bon effet dans les établissements publics... Tu peux demander les *Fables* de la Fontaine, avec une gravure à chaque page; c'est un livre hors de prix... le livre de l'expédition d'Égypte, donné par M. de Talleyrand à la ville. Tu verras encore la prison de la Bastille, sculptée dans une pierre de la Bastille même. Et la cathédrale de Laon, un travail de vingt ans au moins, c'est prodigieux, exécuté avec des cartes à jouer; tu auras de quoi regarder et tu ne verras pas tout en une fois. »

Bineau n'eut pas de peine à emmener le lendemain son ami Lagache à la bibliothèque; la curiosité les tenait surtout en ce qui regardait les occupations de Charles-Marie; ils arrivèrent au moment où M. Delteil venait de prier le bibliothécaire de faire des recherches avec lui dans une pièce voisine. Les deux amis se trouvèrent seuls dans la bibliothèque, et leur premier regard fut pour le fameux crocodile empaillé suspendu au plafond, qui montrait ses dents à une autruche déplumée, placée sur un rayon en face de lui. Non loin du crocodile était une échelle portative; Lagache y monta pour toucher le crocodile et il le fit remuer. « Regarde donc, dit-il à Bineau, si quelqu'un ne vient pas. — Non, dit Bineau. — Alors, prends l'autre échelle, nous allons nous amuser avec le crocodile. » L'échelle étant dressée vis-à-vis de l'autre, Lagache donna un coup de poing au crocodile et l'envoya près de Bineau, qui le renvoya à son ami ; les deux collégiens trouvaient un extrême plaisir à faire servir à leurs jeux un animal redoutable ; mais Bineau ayant donné un coup à faux sur le crocodile, la corde qui le tenait au plafond, et qui était moisie, cassa tout d'un coup, et le crocodile tomba sur un buste en plâtre de Louis XVIII. Bineau faillit dégringoler de son échelle. « Oh ! la, la, s'écria-t-il ! » Lagache était déjà descendu, calculant les moyens de réparer le désastre. Le nez de Louis XVIII était cassé, et le ventre du crocodile laissait passer les intestins factices dont l'avait garni l'empailleur.

Lagache tourna le buste de Louis XVIII contre le mur et en fit un prince mal élevé, car, d'ordinaire, placé vis-à-vis de la porte d'entrée, il semblait accueillir les visiteurs par un sourire aimable.

« Et le crocodile, s'écria Bineau, qu'allons-nous en faire ?

— Il faut le cacher.

— Il est abîmé, dit Bineau, qui pensait à la valeur immense de l'animal, dont son père lui avait parlé la veille. Sais-tu que ça coûte cher ?

— Si je pouvais le raccrocher ? disait Lagache.

— Et son ventre qui est ouvert... Oh ! il a une dent cassée.

— Une de plus ou de moins, dit Lagache... Nous a-t-on vus entrer ?

— Je ne crois pas ; il n'est que temps de nous en aller.

— Nous ne pouvons pas laisser le crocodile là ; on sait bien qu'il n'est pas d'âge à marcher. »

En ce moment on entendit des pas dans l'escalier.

« Sauvons-nous ! dit Lagache.

— Par ici » dit Bineau, qui, pour avoir joué souvent dans la préfecture, connaissait dans la bibliothèque un corridor particulier.

Lagache le suivit en traînant après lui le crocodile. Ils arrivèrent ainsi vers une fenêtre qui donne sur la promenade ; Lagache entendit des cris d'enfants qui se disputaient.

« C'est des Tantoniens, dit-il, voilà pour eux. Oup ! »

Et il lança sans hésiter le crocodile par la fenêtre. On entendit un immense de cri frayeur, et les deux amis s'enfuirent.

Pendant ce temps, M. Delteil revenait avec le bibliothécaire, qui avait fini par découvrir un petit volume grec fort précieux ; ils trouvèrent dans la salle Charles-Marie qui apportait quelques coquilles rares qu'il avait trouvées dans la montagne.

« Nous aurons bientôt, lui dit le bibliothécaire, nos volumes d'histoire naturelle, et je t'apprendrai les noms et les familles de tous ces fossiles. »

M. Delteil pressait Charles-Marie de terminer à ranger sa collection pour s'en retourner avec lui par les remparts, lorsqu'on entendit au loin une légère rumeur qui s'augmentait de minute en minute.

« Il me semble que j'entends du bruit, » dit le bibliothécaire, qui vivait ordinairement dans le silence le plus profond, la préfecture étant située à l'écart de la ville. Le bruit augmenta, formé de nombreuses voix. Le bibliothécaire ouvrit une fenêtre.

« Je vois, dit-il, beaucoup de monde au bout de la rue de la Préfecture. Ce n'est pourtant pas l'époque du tirage au sort. »

Malgré ses grandes lunettes, M. Delteil ne distinguait rien.

Charles-Marie regarda, et dit qu'on rapportait un corps sur une planche.

« C'est un malheur ! s'écria M. Delteil.

— Peut-être un ouvrier qui se sera laissé tomber d'un toit.

La rue de la Préfecture n'était pas assez large pour contenir les curieux que le commissaire de police avait peine à contenir.

« C'est une bête ! » s'écria Charles-Marie ; peu après il dit : « C'est le crocodile. »

Le bibliothécaire tressaillit, se retourna, jeta les yeux au plafond.

« Notre crocodile ! s'écria-t-il en tombant sur une chaise, toutes les idées confondues.

— Comment, dit M. Delteil, le crocodile du plafond ! »

Et il regardait le bibliothécaire pour lui demander des explications. Mais à ce moment une foule immense franchissait la grille de la préfecture en tumulte ; les employés sortaient de leurs bureaux, craignant une émeute; le portier essayait de fermer la grande grille.

M. Bineau apparut le premier, une plume derrière l'oreille, et faillit sangloter en reconnaissant sur une planche le corps du malheureux crocodile, dont la tête était portée par le tambour de ville. Tous faisaient des commentaires ; les petit garçons de la pension Tanton racontaient à qui voulait les entendre que l'énorme bête, sautant du haut des remparts, avait failli les écraser. Arrivé à la porte de la bibliothèque, le commissaire de police fit faire un roulement par son tambour :

« Messieurs et concitoyens, dit-il, je vous prie de ne pas chercher à monter dans la bibliothèque, où une foule nombreuse pourrait amener des désordres déjà assez grands ; j'ai envoyé prévenir M. le juge d'instruction. Seuls devront monter les quatre témoins qui ont été victimes de la chute du corps, les porteurs de l'animal, et M. Bineau, chef de bureau, remplaçant M. le préfet, malheureusement en tournée pour le moment. Il faut qu'un crime aussi grand s'éclaircisse, et je vous promets que le coupable sera puni selon la rigueur des lois. »

Ayant ainsi parlé, le commissaire de police laissa la foule dans le plus grand émoi et se grossissant à chaque minute.

« Monsieur le bibliothécaire, dit M. Bineau, reconnaissez-vous ce crocodile pour celui qui était accroché précédemment au plafond ? »

Mais la chute avait fait de l'animal empaillé quelque chose de repoussant ; et la vétusté des drogues mises tout d'un coup en lumière donnait une odeur insupportable.

« Monsieur le commisaire, dit M. Bineau, je vois dans cet acte un crime et une vengeance ; il y a un an, un propriétaire des environs fit offrir au conseil municipal de lui céder ce crocodile, alors en parfait état de conservation. Jaloux des richesse de la cité, mes confrères et moi avons refusé de nous défaire d'un monument d'histoire naturelle; ne serait-il pas convenable de faire comparaître cet amateur, qui a pu, irrité de notre refus, vouloir la perte du crocodile ?

— Comment se nomme-t-il ? demanda le commissaire.

— M. Têtart, propriétaire à Vorges.

— Il est mort, dit le commissaire... Permettez-moi, monsieur Bineau, de procéder à une enquête plus régulière ? »

Alors, le bibliothécaire interrogé répondit qu'à midi précis le crocodile était accroché au plafond ; qu'à deux heures il était sorti avec M. Delteil pour lui donner un livre, et qu'en rentrant ils avaient trouvé Charles-Marie en train de ranger des coquilles fossiles.

« Ainsi, monsieur, dit le commissaire, vous êtes certain que le crocodile a été décroché pendant votre absence momentanée ?

— Oui, » dit le bibliothécaire.

Charles-Marie déclara être entré dans la bibliothèque, avoir trouvé la porte ouverte, et ne s'être pas aperçu de la disparition du crocodile ; malheureusement il déclarait être arrivé entre deux heures et demie et trois heures moins le quart, heure à laquelle les quatre élèves de la pension Tanton disaient avoir reçu l'horrible monstre sur le dos. Tous les assistants fixaient Charles-Marie, qui ne soupçonnait pas encore l'étendue de l'accusation. M. Delteil était plus ému que s'il avait commis le crime, car depuis qu'il connaissait l'enfant, il n'avait pas surpris en lui de tels écarts de conduite. Le portier de la préfecture déclara qu'il n'avait vu personne entrer, excepté M. Delteil et plus tard Charles-Marie.

« Qui vous a poussé, jeune homme, à une action aussi déplorable? » s'écria M. Bineau indigné.

Charles-Marie crut d'abord que le chef de bureau s'adressait à un autre.

« Moi! dit-il avec un accent d'indignation.

— Oui, vous, reprit le commissaire de police.

— Il n'est pas coupable, messieurs, disait M. Delteil.

— Cependant, monsieur le professeur, personne que lui n'est entré dans la bibliothèque.

— Il ne peut pas être coupable! s'écria M. Delteil.

— Tous les jours, dit un des élèves de M. Tanton, les collégiens inventent quelque chose de nouveau contre nous.

— Vous entendez, monsieur le professeur, dit le commissaire de police.

— Non, monsieur, Charles-Marie ne doit pas être coupable. »

Le doute avait fini par se glisser dans l'esprit du professeur de septième, qui étudiait les yeux de son élève pour y surprendre quelque égarement, car un moment de folie passagère pouvait seul faire comprendre un tel acte. D'un autre côté, n'était-il pas possible que les exemples des farces qui se commettaient au collége eussent monté l'imagination de Charles-Marie au point de vouloir lui faire surpasser d'un coup les hauts faits de ses condisciples.

« Il nous faut aller à la mairie, dit le commissaire de police.

— Comment, s'écria M. Delteil, vous allez emmener Charles-Marie! Que vont dire ces demoiselles Carillon?

— Prévenez-les, monsieur, dit le commissaire; moi, j'obéis à mon devoir. Allons, messieurs, partons. »

Charles-Marie suivit le commissaire sans donner signe d'émotion.

« Quel criminel audacieux! » dit M. Bineau.

Le cortége rencontra au bas de la porte la foule qui augmentait toujours, et qui était aussi avide de connaître l'auteur du crime que si l'on eût enlevé la cathédrale de Laon. Il reste dans le pays quelques traces de traditions populaires presque effacées aujourd'hui, et la chute du crocodile avait rappelé dans quelques esprits la légende de l'os qui pend. C'était un os immense de baleine suspendu sous le portail de la cathédrale. Qui avait accroché cet os de baleine? Les légendes n'en disaient rien et laissaient le surnaturel se donner carrière. Un jour, l'os qui pend disparut et resta dans la mémoire des Laonnais comme une de leurs merveilles. Les vieillards, qui racontaient cette tradition dans la foule, n'hésitaient pas à ranger la chute du crocodile dans la famille du surnaturel, lorsque la sortie du commissaire de police tenant Charles-Marie par la main fit pousser un énorme cri de surprise.

« C'est lui! c'est lui! disaient à tout le monde, en le montrant du doigt, les élèves de la pension Tanton.

— Je m'en vais prévenir mademoiselle Sophie! » se dit M. Delteil, qui quitta le cortége le plus vite possible.

Charles-Marie, abandonné de son unique défenseur, ne perdit pas contenance. Il entendait les réflexions de la foule :

« Est-il possible!

— Un si beau blond!

— Qui a l'air si doux!

— A son âge!

— Dire qu'il a décroché le crocodile!

— Il voulait écraser des enfants.

— Il finira mal.

— Voilà donc à quoi sert l'éducation.

— Si j'étais son père!

— Il faut avoir la tête à l'envers.

— Qui est-ce qui dirait ça en le voyant?

— C'est Sainte-n'y-Touche.

— Le crocodile est entièrement perdu. »

Quelques-uns mêlaient son nom à celui de Papavoine:

« Il veut le remplacer, » disait-on.

Malgré ces accusations, Charles-Marie était calme; il marchait sans baisser la tête comme un coupable, et cependant sans porter la tête trop haut. On arriva ainsi à la mairie, où le commissaire fut introduit dans le cabinet du secrétaire de la mairie, pendant que le coupable attendait dans le secrétariat.

« Eh! monsieur, dit le secrétaire quand il eut entendu le rapport du commissaire, que diable faites-vous là! Pour une simple farce, un mauvais crocodile empaillé, vous me rassemblez toute la ville sur la place! C'est tout au plus un délit de justice de paix, et vous en faites une affaire criminelle!

— Mais, monsieur le secrétaire, M. Bineau a dit...

— M. Bineau n'a rien à voir dans cette affaire. Parce qu'un vieux fou a offert d'acheter ce crocodile à la ville, ils se sont imaginé qu'il avait des trésors dans le ventre. Il est crevé, tant pis ; c'est rendre une administration ridicule que de l'occuper de semblables affaires. Faites une mercuriale au petit garçon et renvoyez-le chez ses parents. Je ne veux plus entendre parler de pareilles sottises. »

Le commissaire de police, qui croyait avoir fait preuve de zèle et qui était plus fier de son arrestation que s'il eût découvert une conspiration, s'en alla confus.

« Vous ferez sortir le petit garçon par la porte de derrière, afin que cela n'excite pas de rumeur sur la place. »

Après un long et sévère discours du commissaire de police, qui y mit toute l'amertume d'une entreprise manquée, Charles-Marie s'en allait par les remparts pour rentrer chez sa tante, lorsqu'il rencontra Berthe tout en larmes qui prenait le chemin de la mairie.

« Méchant! dit-elle en l'embrassant, nous as-tu fait assez de chagrins! »

Alors seulement Charles-Marie pleura en voyant couler les larmes de Berthe.

« Sophie a eu une attaque de nerfs violente; courons vite, elle te croit en prison. »

Dans la boutique, M. Triballet parlait à voix haute, et M. Delteil était affaissé sur une chaise.

« C'est votre faute, monsieur, lui disait le gros docteur; on doit mettre plus de précautions pour annoncer un malheur... Vous saviez bien que mademoiselle Sophie était très-impressionnable; vous pouviez lui porter un coup mortel. »

L'arrivée de Charles-Marie vint mettre un terme à cette discussion.

— Le voilà! cria Berthe en le portant dans ses bras

vers le lieu où Sophie était étendue, gardée par sa sœur.

— Comment, dit Sophie, vous êtes capable de pareilles choses!...

— Non, mon amie, dit Charles-Marie.

— Ce n'est pas toi, n'est-ce pas? dit-elle en le tenant embrassé.

— Je le disais bien à ces messieurs, » dit M. Delteil.

Le soir, la ville de Laon fut remplie de groupes qui blâmaient sourdement la conduite du secrétaire de la mairie. M. Tanton se montra le plus indigné, car sa vengeance s'échappait; il avait espéré qu'un procès en cour d'assises dévoilerait les farces des élèves du collége, et déjà il avait préparé une longue série de griefs contre M. Tassin, lorsqu'il apprit que Charles-Marie était relâché, ce qui annonçait assez que l'affaire n'aurait pas de suite. M. Tanton avait l'habitude tous les soirs d'aller jouer la poule à un billard borgne de la rue de la Herse. A cause de ses moignons, il s'était fait fabriquer une queue de billard en forme de houlette, et il la maniait même avec adresse; mais ce jour-là il manqua la plus belle bille, car il parlait en jouant, et la colère d'une si belle affaire manquée lui enlevait ses moyens.

« Comment, disait-il, il sera permis à un élève de M. Tassin de violer et de dissiper les trésors d'un dépôt public sans que justice se fasse? Si j'avais seulement touché la queue du crocodile, je serais en prison à l'heure qu'il est; mais on permet tout à ces messieurs du collége... Vous verrez qu'ils finiront par mettre le feu à la ville... parce qu'ils ont un tambour-major. »

En revenant de conduire ses élèves au bois, M. Tassin eut vent de l'affaire, et son premier soin fut de courir chez le commissaire de police afin de l'assoupir ; il comprenait le scandale qu'avait occasionné cette aventure et le fâcheux contre-coup qui devait retomber sur lui. Le lendemain, après l'heure des classes, il assembla tous les élèves, prononça un discours par lequel il menaçait de sa sévérité les moindres infractions à la discipline; il appela Charles-Marie, et après un roulement de tambours, décida son expulsion pour quinze jours. M. Delteil, à qui on avait volé les plumes et l'encre pendant la classe et qui se promettait d'en parler au principal, fut tellement atterré par ce châtiment, qu'il regardait comme injuste, qu'il oublia ses propres intérêts pour consoler Charles-Marie en revenant avec lui par les remparts.

Ce ne fut pas sans mille détours qu'il apprit cette nouvelle aux marchandes de modes. Sophie voulait, dans son indignation, aller trouver le principal ; mais le vieux professeur la retint.

« Mon neveu est déshonoré, disait-elle.

— Laissez éteindre le bruit, dit M. Delteil; dans huit jours il n'en sera plus question. Charles-Marie n'est pas coupable, mais vous ne persuaderez jamais M. le principal de son innocence. »

Cependant *l'Observateur de Laon* parut le dimanche avec un article foudroyant qui partait de la plume de M. Bineau, heureux de faire pièce au secrétaire de la mairie. Toute la ville lut cet article imprimé en tête du journal :

« Jeudi dernier, notre riche bibliothèque a été le théâtre d'un grand désastre pour l'art. Le rare animal qui avait été offert à la ville par la générosité de M. Duval, à son lit de mort, est entièrement perdu pour la science, qui regrettera longtemps le riche échantillon du fruit des recherches de nos savants intrépides dans les déserts. Pendant l'absence du savant bibliothécaire, une main coupable a coupé le fil qui retenait l'animal vorace au plafond; tout donne à penser que dans sa chute il est tombé sur le buste d'un Bourbon et l'a mutilé, fait qui démontre l'inutilité d'exposer aux yeux du public le représentant d'une branche qui ne règne plus en France. Cependant, les amateurs regretteront la perte du buste, dû à un ciseau exercé. Quoique l'instruction n'ait pas été menée avec tout le soin qu'exigeait une si grave affaire, on a retrouvé près du buste quelques écailles de l'enfant du désert. Des enfants étaient occupés à jouer sur la promenade. O surprise! le féroce ovipare, lancé par une main sûre, s'élance de la fenêtre de notre bibliothèque, qu'il n'aurait jamais dû quitter, et va tomber à une ligne des enfants. Un peu plus, et nous aurions de nouveaux malheurs à raconter. La ville s'émeut aux cris de frayeur de ces enfants; les habitants de notre cité crient vengeance; le corps mutilé de l'habitant de la mer Rouge est rapporté, suivi d'une foule nombreuse et attristée, qui comprend la valeur d'une perte irréparable. Le Muséum d'histoire naturelle de Paris ne pouvait montrer à ses visiteurs un plus bel échantillon de l'habitué des bords du Gange, et le conseil municipal, qui s'occupe avec tant de soin des intérêts de la cité, s'était cru obligé, malgré des offres considérables qui auraient pu éteindre une partie du passif de la ville, de conserver soigneusement celui qu'il faut bien nommer, malgré ses appétits cruels, le Crocodile. Après un commencement d'instruction, le coupable a été découvert : *lux facta est*. C'était un enfant qui ne soupçonnait pas la portée de son crime. »

Dans l'enthousiasme de leur expédition, Bineau et

Lagache ne surent pas tenir leur langue; la bande des éleveurs de vers à soie connut bientôt qu'ils étaient les auteurs de l'attentat de la bibliothèque. Lagache avait conservé, comme preuve de sa victoire, une des dents du crocodile pour la joindre aux richesses de son musée de rapine. Cela fit réfléchir Robert, qui, tout en faisant partie de l'association, était souvent la victime de ses amis. Robert, n'étudiant pas, était toujours le dernier en composition. Il l'était, *ex æquo*, avec Dodin, avec Bineau et tous ceux qui ne daignaient pas concourir aux compositions données par M. Delteil; mais madame Robert ne se payait pas de ses raisons et lisait chaque samedi le bulletin de collége d'une main, tenant de l'autre des verges. Robert voyait arriver le samedi soir avec terreur, car le samedi soir lui amenait régulièrement sa rente de fouet. Ses amis le surent, et se moquèrent cruellement de Robert, qui à l'âge de douze ans était encore fouetté. Malgré ce cruel châtiment, malgré les railleries, malgré la honte et la douleur, Robert ne travaillait pas davantage; son esprit était trop préoccupé d'un problème qui consistait à obtenir une bonne place dans les compositions sans étudier; la nature l'avait fait sournois et méchant, il prêta les mains à la nature et se fit volontairement *rapporteur*, qui est dans les colléges une fonction égale à celle du mouchard dans la société.

L'affaire du crocodile lui parut si importante, qu'il n'hésita pas à aller trouver le principal. Il lui dénonça le vrai coupable et entra dans les plus petits détails.

— Mais les preuves, dit M. Tassin.

— Monsieur, dit Robert, je ne sais pas ce que j'ai

fait à M. Delteil, je suis toujours le dernier en classe, et maman me bat tous les samedis.

— Je ne vous parle pas de cela, je vous demande des preuves, car vous venez me dénoncer vos amis.

— Monsieur, si vous vouliez dire un mot à M. Delteil, il me donnerait de meilleures notes, et maman ne me battrait plus.

— Savez-vous, monsieur Robert, dit le principal, que j'ai grande envie de faire appeler Bineau et Lagache dans mon cabinet et que je les ferai expliquer devant vous ?

— Monsieur, dit Robert, j'ai des preuves.

— Allons donc! il faut parler.

— Mais, monsieur, auriez-vous la bonté de dire à M. Delteil qu'il ne m'en veuille pas tant; qu'il me mette l'avant-dernier, mais pas le dernier.

— Vous êtes fort, pour votre âge, monsieur Robert. Je vous comprends; vous voulez me vendre vos preuves; donnant, donnant; je parlerai de vous à M. Delteil.

— Ah! monsieur Tassin, vous êtes trop bon. Les preuves sont dans le pupitre de Bineau. C'est lui, aidé de Lagache, qui a décroché le crocodile, qui, en tombant, s'est cassé une dent. Bineau a conservé la dent, je l'ai vue tout à l'heure encore.

— C'est assez, monsieur; retournez à votre étude et travaillez, vous êtes un paresseux. Ce que vous avez fait est bien; mais le but que vous mettiez à votre dénonciation n'est pas honorable. Cependant, quand vous apprendrez quelque chose contre les intérêts du collége, contre moi, contre mes professeurs, venez me trouver, et je vous donnerai, si la confidence en vaut la peine, dix immunités. »

M. Tassin entra brusquement dans la classe de M. Delteil et se livra à une perquisition générale dans les pupitres; ce qui amena la saisie de la grenouille de Larmuzeaux, des ustensiles de cuisine de Dodin, de la boîte à couleurs de Cucquigny, de la fameuse dent de crocodile et d'une multitude d'objets faisant partie du musée de Bineau et de Lagache. Les quatre élèves furent mis en retenue et se tinrent pour heureux d'en être quittes à si bon marché; mais le principal fit retomber sa colère sur la tête de M. Delteil.

« Comment, monsieur, lui dit-il, vous permettez à vos élèves d'entretenir des animaux vivants, de faire la cuisine, de jouer à la loterie? »

Le principal avait saisi également une espèce de roulette.

« Est-ce ainsi, monsieur, que vous tenez vos élèves? Ils font donc ce qu'ils veulent pendant la classe? Et au bout de l'année, quand viendront MM. les inspecteurs, notre classe paraîtra d'une faiblesse telle, que le blâme retombera sur ma tête. Pourquoi? parce que vous vous occupez de matières étrangères à la classe. »

M. Delteil voulut parler, mais M. Tassin, d'une voix haute, continua :

« Faites-y bien attention, monsieur; je vous surveillerai principalement, vous et vos élèves, moins coupables que vous. Tout ce qui s'est fait de mal ici depuis le commencement de l'année, vous en êtes complice; pour me décharger et montrer que la haute surveillance ne fait pas défaut aux classes les plus basses, je serai obligé d'en faire un rapport spécial à M. le recteur. »

M. Delteil resta atterré après la sortie du principal. Il n'osait plus regarder ses élèves, dans la crainte de les trouver souriant de la verte mercuriale qu'il avait subie. Pour cacher son embarras, il rangea ses feuillets de papier avec lenteur, décidé à ne plus travailler pendant les classes à son dictionnaire. En cinq minutes, sa faiblesse fit place à sa résolution.

« C'est vous, monsieur, dit-il à Cucquigny, qui coloriez si bien les caricatures; puisque vous avez du goût pour le dessin, vous me dessinerez la carte de France avec les noms. »

Avant la fin de la classe, il avait donné plus de pensums que dans tout le courant de l'année. Contre son habitude, il était sorti de sa chaire, marchant de long en large dans sa classe, faisant sonner sur les carreaux ses vieilles bottes fortes.

M. Tassin, aussitôt qu'il fut en possession de la fameuse dent de crocodile, fit prier M. Bineau père de passer au collége.

« J'ai su, monsieur, dit le principal, l'intérêt que vous aviez pris à découvrir le coupable dans l'affaire de la bibliothèque, et je vous félicite de votre zèle, quoique vous n'ayez pas réussi.

— Ce n'est pas de ma faute, dit M. Bineau; si M. le commissaire de police m'avait laissé faire, croyez que le neveu des demoiselles Carillon aurait reçu une leçon sévère de la justice.

— On m'a dit également, monsieur Bineau, que

vous étiez l'auteur de l'article de *l'Observateur*, article bien écrit et bien pensé. »

M. Bineau s'inclina.

« Après avoir rendu hommage à la plume brillante qui a résumé dans quelques lignes éloquentes une indignation que nous partageons tous, permettez-moi, monsieur Bineau, d'en blâmer la pensée. »

M. Bineau fit une grimace d'auteur dont la pièce est refusée à l'unanimité.

« Vous n'aviez pas réfléchi à la portée de cet article, monsieur Bineau, autrement vous ne l'eussiez pas écrit; moins que tout autre vous deviez l'écrire.

— Je ne comprends pas, monsieur, dit M. Bineau d'un ton sec.

— Reconnaissez-vous ceci? dit le principal en tirant la dent de crocodile d'un tiroir.

— C'est une dent, dit M. Bineau, peut-être de l'animal!

— J'ai poursuivi l'instruction beaucoup plus loin que vous, monsieur Bineau, et j'ai la douleur de vous annoncer que le neveu des demoiselles Carillon est innocent et que M. Louis Bineau, votre fils, est le coupable.

— C'est impossible, dit le chef de bureau.

— Il avait pour complice le fils de madame Lagache.

— Qu'est-ce que vous m'apprenez là, monsieur Tassin!

— Eh bien! monsieur Bineau, écririez-vous encore aujourd'hui votre article? Vous comprenez bien que je trouve votre indignation toute naturelle; moi, qui n'ai pas l'honneur d'être né dans vos murs, elle a trouvé place dans mon cœur; mais le temps des Brutus est passé, je ne condamnerais pas mon fils, et je ne voudrais pas la ruine d'un établissement qui a déjà rendu des services à l'instruction. Les ennemis du collége sont nombreux dans Laon, monsieur Bineau, ils attendent en silence le moment de le renverser; sans le vouloir, vous leur avez donné la main; votre article à la main, ils vont se prévaloir d'un malheur auquel je suis étranger. Ils diront : Ce n'est pas nous qui accusons le principal du collége, c'est un père qui envoie son fils au collége, c'est un homme honorable qui n'a pas su maîtriser sa légitime indignation, et on les croira, car vous leur avez fourni des armes.

— Que faire? s'écria M. Bineau.

— Dans le prochain numéro atténuez la portée de l'événement, et je vous promets de laisser l'accusation retomber sur la tête du neveu des demoiselles Carillon.

— Ah! monsieur Tassin, quel service vous me rendez là!

— C'est bien peu de chose, monsieur Bineau.

— Que pourais-je faire pour vous être agréable?

— Je connaissais votre esprit, monsieur Bineau, mais j'ignorais que vous cachiez une plume si exercée.

— Vous êtes trop bon, monsieur Tassin.

— Est-ce qu'un jour ou l'autre, monsieur Bineau, il ne serait pas d'un intérêt local de démontrer dans un article de *l'Observateur de Laon* la haute portée des études de mon collége?

— Certainement, monsieur Tassin, avec beaucoup de plaisir. »

M. Bineau, dans le numéro suivant du journal, inséra une nouvelle ainsi conçue, qui avait pour titre : ENCORE LE CROCODILE! « M. le maire de la ville vient d'écrire à M. le maire de Soissons pour lui demander des renseignements positifs sur la valeur d'un naturaliste extrêmement habile qui est né dans cette ville. L'art n'a pas encore dit son dernier mot. Peut-être, à force de soins, parviendra-t-on à relier les tronçons du crocodile, fils du Nil, qui peuvent présenter encore quelque intérêt à la science et à la vue de nos concitoyens. »

VI

Ce qu'on fait dans les classes l'hiver. — M. Delteil ose soutenir que l'Université pourrait faire quelques réformes. — Ce qu'il en arrive.

L'hiver arriva bientôt et se fit sentir à M. Delteil plus vivement qu'à un autre. Il n'osa plus passer par les promenades, car plus d'une fois il reçut une décharge formidable de boules de neige sans se rendre compte de ses ennemis mystérieux. Il regardait en l'air, de côté, par devant et par derrière, et ne se doutait pas que Bineau et ses amis faisaient servir les meurtrières des remparts à les cacher. Il en eut le pressentiment et non la conviction; et ces ennemis qu'il ne pouvait combattre augmentaient sa timidité naturelle. Il se décida alors à traverser la ville pour se rendre au collége; mais un jour, en ouvrant la porte qui mène derrière la mairie, il fut saisi d'étonnement. La porte était murée par une combinaison de neiges tassées qui formaient un mur de glace. Il descendit chez les marchandes de modes et dit le fait; mais les demoiselles Carillon ne pouvant donner de renseignements sur ce qui arrivait, Berthe sortit et prit les remparts pour aller examiner comment avait pu se produire un amas de neige si considérable.

Elle revint effrayée de la science d'architecture qu'avaient déployée les constructeurs inconnus de cette muraille de glace. C'était une barricade composée de piquets fichés en terre, de lattes, de débris de bois, reliés par la neige, qui prenait depuis le bas de la porte jusqu'en haut. Un voyageur y eût reconnu l'industrie des Lapons. Mais ce travail avait dû demander plus d'une heure et plus d'une main. Sophie Carillon dit que c'était un mauvais tour; et M. Delteil n'osa faire connaître sur quels garnements il portait ses soupçons.

A peine la classe était-elle commencée, que des parfums domestiques venaient caresser l'odorat du professeur. Un jour, c'étaient des pommes de terre; un autre, des pommes cuites. Dodin avait communiqué ses goûts de cuisine à toute la classe, qui employait le four du poêle à la cuisson de ces aliments. Craignant l'arrivée du principal, qui n'aurait pas toléré de telles odeurs, M. Delteil eut le courage d'envoyer chercher le portier, de confisquer les pommes cuites et de les lui faire emporter. *Paterculus* (ainsi le nommaient les élèves) s'empara avec joie de la fournée qui faisait une concurrence à son commerce de pommes et de sucre d'orge; mais M. Delteil fut victime de son audace. Dès le lendemain, il n'y eut plus moyen de faire du feu. Quand le professeur entrait dans sa classe, le poêle allait et chantait dans sa maison de fonte; dix minutes après, il devenait triste, morne, et la fumée se répandait noire, épaisse, aussi méchante que l'échalotte pour les yeux. M. Delteil faisait ouvrir les fenêtres, puis la porte; des tourbillons noirs et menaçants s'élançaient en nuages épais par la fenêtre, mais n'empêchaient pas d'autres tourbillons de sortir du poêle. Les élèves se plaignaient du froid, s'enfonçaient leurs casquettes sur les yeux et fourraient leurs mains dans leurs poches en regardant les capricieux fantômes qui sortaient du poêle, toujours suivis d'autres fantômes nuageux. La classe se passa ainsi. M. Delteil rentra chez lui avec le nez violet et les yeux rouges. La fumée dura deux jours; le professeur de septième regardait les girouettes et consultait le vent, se disant qu'il était possible que sur une montagne la rapidité du courant d'air amenât quelques désordres dans les cheminées.

L'industrie des pommes de terre se rétablit et la fumée disparut. Paterculus, d'après les ordres du professeur, vint de nouveau procéder à une saisie; mais la fumée recommença avec tant d'acharnement et le froid était tellement vif, que Bineau eut l'audace de proposer à M. Delteil de battre la semelle ensemble.

« Est-il possible! » s'écria M. Delteil stupéfait de tant d'audace.

Pendant que le professeur, abîmé dans des réflexions amères, cherchait une punition à infliger à Bineau, une partie de semelles s'était engagée dans la classe, chacun prenant son vis-à-vis comme pour la danse. Le tran tran des pieds résonnant sur les pavés fit relever la tête au professeur.

« Messieurs! » s'écria-t-il. Mais la partie était engagée entre quatre, et le bruit de leur exercice couvrait la voix de M. Delteil. Deux nouveaux élèves prirent place à la partie de semelle et formèrent un coup d'œil curieux de douze jambes s'entre-croisant avec une rare habileté. Chaque coup de semelle retentissait comme un coup de marteau dans la tête de M. Delteil, qui eut l'idée de séparer les joueurs. Il descendit de sa chaire, comptant que son approche ramènerait l'ordre ; mais le rhythme de la semelle est comme le tambour qui bat la charge à un assaut : la crainte avait fui du cœur des élèves, et il était aussi dangereux de pénétrer dans leur cercle que dans un bataillon carré. Non-seulement les jambes, mais les bras, se remuaient et revenaient frapper la poitrine comme pour y ramener la chaleur. Bineau surtout apportait une extrême ardeur dans son jeu ; il avait pour vis-à-vis le timide Larmuzeaux, et lui donnait des coups de pied à le renverser. Lagache et Cucquigny se livraient à la difficulté dans l'art de la semelle ; ils cherchaient à tirer des étincelles des petits fers qu'un cordonnier prudent attache aux talons de souliers des collégiens pour en prolonger la durée.

« Messieurs, je me retire ! » s'écria M. Delteil désespérant de se faire entendre au milieu d'un tel vacarme.

La partie de semelle continuant, il rangea ses papiers, ses plumes et son encre dans la poche de côté de sa houppelande et sortit de la classe, laissant ses élèves sans direction. Mais à peine eut-il fermé la porte, qu'il se sentit embarrassé de ce qu'il venait de faire. Était-il convenable d'abandonner ainsi sa classe ? Ne devait-il pas tenir tête à l'émeute ? Fallait-il aller trouver le principal, qui le recevrait peut-être très-mal ? M. Tassin ne rejetterait-il pas les torts sur la tête du professeur ? Telles étaient les raisons qui agitaient l'esprit de M. Delteil pendant qu'il se promenait à grands pas devant la porte de la classe sans oser y rentrer. Heureusement le tapage avait cessé presque aussitôt la sortie du professeur. Les élèves étaient plus embarrassés que M. Delteil de leur coup d'État. Après maintes hésitations, le professeur rentra, la tête basse, car il craignait les regards effrontés des mutins.

La fumée avait complétement disparu pendant sa courte absence, et M. Delteil se dit qu'elle était le produit d'un complot.

« Messieurs, dit-il, je veux bien rentrer parmi vous, mais c'est la dernière fois. Ne comptez plus, à l'avenir, que je me laisserai intimider par votre tapage, je resterai en chaire, dussiez-vous y mettre le feu. J'aurais pu aller trouver M. le principal pour le prier de ramener l'ordre et de châtier les coupables, j'ai préféré vous faire rougir de votre conduite. Il y a dans la classe quelques mauvais garnements qui entraînent les autres ; je les connais à fond, aujourd'hui, et je m'arrangerai pour qu'à l'avenir ils ne puissent corrompre les bons. Leur conduite a été indigne ; ils se fient sur ma bonté. Eh bien ! puisque la modération ne fait rien, qu'ils craignent ma colère ! Il ne sera pas dit que la classe de septième sera la plus mauvaise de tout le collége ; il ne sera pas dit que cinq individus empêcheront les autres de travailler. Demain jeudi, M. Bineau restera l'après-midi en prison. Je regrette d'en venir à de telles extrémités ; mais M. Bineau est un foyer de discorde ; c'est lui qui remue tout ce qu'il y a de mauvais dans de jeunes esprit égarés.

— Ce n'est pas ma faute, dit Bineau, si le poêle a fumé.

— Malheureux ! s'écria M. Delteil, au lieu de vous

repentir et d'avouer votre crime, vous osez unir le mensonge à la perfidie !

— Pourquoi le poêle fumait-il ? demanda Bineau.

— Et pourquoi ne fume-t-il plus ? dit le professeur.

— Je n'en sais rien, dit Bineau ; mais je ne peux pas souffrir le froid, et il m'a bien fallu me réchauffer.

— Vous avez osé me proposer de battre la semelle, effronté ! à moi, à un homme de mon âge ! cela est bon pour des polissons de votre espèce.

— Monsieur, maman me recommande de ne pas m'enrhumer.

— Taisez-vous, monsieur ! Je souhaite que la prison vous fasse rentrer en vous et vous rende meilleur. Dieu sait l'avenir que vous vous réservez en vous jetant à corps perdu dans une indiscipline calculée ! Encore, si vous laissiez la classe tranquille, votre conduite m'inquiéterait peu ; mais j'ai des élèves qui aiment le travail, qui ne se laissent pas corrompre par le spectacle de votre conduite déréglée. Voyez Charles-Marie, messieurs ; il n'a pas levé les yeux pendant vos tristes agitations ; il a continué à étudier, sachant bien que le travail est le meilleur préservatif contre l'entraînement aux plaisirs. Charles-Marie recevra cinquante bons points pour sa tenue pendant vos violences, et tous ceux qui se sont laissé entraîner par M. Bineau recevront chacun cent mauvais points. »

Après avoir montré plus de courage que d'habitude, M. Delteil sortit, résolu désormais à ne plus faire de concessions et à sévir immédiatement contre les tapageurs. Le lendemain, qui était le jeudi, il envoya chercher le portier Paterculus, et, en sa présence, il fit enfermer Bineau dans le cachot des condamnés, après avoir prévenu par un billet le principal de cette punition. Le cachot était un endroit noir, sous l'escalier du premier étage, et qui donnait dans la classe même de sixième. Le jour n'y entrait que par un étroit judas percé dans la porte.

« Vous aurez soin, dit M. Delteil au portier, de n'ouvrir à M. Bineau qu'à huit heures du soir, quand les élèves reviendront de la promenade. A quatre heures, vous apporterez à dîner à M. Bineau. »

Paterculus ouvrit l'énorme cadenas qui fermait la porte, fit sonner la porte de fer qui retenait le prisonnier, et joua la comédie du farouche geôlier pendant que Bineau fondait en larmes. Les élèves regardaient en silence l'exécution d'une condamnation si rigoureuse; Lagache ne quittait pas de vue le cadenas, comme s'il eût voulu en garder l'empreinte dans sa mémoire. M. Delteil, ayant pensé qu'un pareil spectacle était destiné à semer l'effroi parmi la bande des agitateurs, fit sortir tous les élèves et ferma la porte de la classe à double tour.

Vers les deux heures de l'après-midi, étant occupé à travailler dans sa chambre, le professeur se leva machinalement et ouvrit sa fenêtre, car il venait d'entendre la musique du collége qui passait comme d'habitude devant le magasin des demoiselles Carillon. M. Delteil n'avait pas une grande passion pour la musique, et il ne se serait pas dérangé pour si peu; mais un pressentiment lui fit regarder le défilé des collégiens. A la tête, se tenait le mélancolique Larmuzeaux, plein de regrets d'avoir accepté les importantes fonctions de tambour-major, mal en harmonie avec son caractère; derrière lui venaient les tambours. Le maître de musique, M. Ducrocq, se faisait remarquer par sa haute taille, son chapeau plat à larges bords et sa petite clarinette; mais M. Delteil frissonna comme s'il eût aperçu un revenant en voyant au dernier rang des musiciens le petit Bineau, le bras fourré dans le pavillon de son grand cor et marchant avec l'audace d'un vieux troupier; pour le moment, il était occupé à marcher sur les talons d'un trompette à clefs qui n'allait pas au pas, et par cette manœuvre il couvrait de boue le bas du pantalon de son voisin. M. Delteil crut qu'il se trompait. Il essuya le verre de ses lunettes; mais l'erreur était impossible. Bineau se distinguait du reste des musiciens par ses galons de caporal, insigne honorifique qui avait été décerné seulement au cor. La vue de Bineau, sorti miraculeusement de prison, empêcha M. Delteil de travailler au moins d'une heure. Le professeur se demandait quel était l'être assez audacieux pour avoir ouvert la porte de la prison, et il se perdait là-dessus en d'interminables conjectures, bien décidé le lendemain à commencer une instruction à ce sujet à son entrée en classe ; mais le jour suivant il avait oublié la prison et la fuite de la prison. Cette idée ne se réveilla que quand le professeur aperçut Bineau se posant effrontément au milieu de la classe.

« Monsieur, dit celui-ci, M. Tassin m'a fait mettre hier en liberté. M. Tassin a besoin de moi ; il ne veut pas que jamais on me condamne à la prison. »

Bineau avait tellement appuyé sur les mots *il ne veut pas*, que M. Delteil vit clairement qu'il n'était pas dans une situation à lutter contre le principal. Il renferma ses chagrins en dedans, se replia dans sa chaire, et laissa ses élèves se livrer à leurs dispositions naturelles, trouvant son contentement dans l'éducation de Charles-Marie, qui, pendant cinq semaines, mérita cinq fois d'obtenir la première place en composition. Cependant il ne fut pas sans remarquer un sourd murmure parmi les collégiens quand il prononçait le samedi à haute voix l'ordre des places ; le nom de Charles-Marie surtout provoquait les murmures.

Un jour, M. Delteil fut mandé dans le cabinet du principal ; il s'y rendit avec un vague sentiment d'inquiétude, et à mesure qu'il montait une marche, il aurait voulu en descendre deux, craignant d'apprendre un malheur. M. Tassin était enveloppé dans une large robe de chambre et coiffé d'une calotte de velours noir brodée somptueusement de fils d'or. Assis dans un fauteuil de cuir près d'un bureau, il se tenait raide comme un ministre donnant audience à un solliciteur.

« Monsieur, dit-il d'un ton de voix malveillant, vous donnez à mon collége un bien mauvais exemple; aucune classe ne ressemble à la vôtre; cela ne peut pas durer plus longtemps.

— J'ai fait ce que j'ai pu, dit M. Delteil, pour contenir mes élèves...

— Ne m'interrompez pas, monsieur, ce que j'ai à vous reprocher est grave, tellement grave qu'il est heureux que l'Université n'offre pas souvent de pareils exmples. Vous voulez rejeter vos fautes sur la mauvaise conduite de vos élèves, et c'est vous le premier qui les autorisez à se conduire comme ils le font. Un professeur qui n'agit pas avec intégrité ne doit attendre aucun respect de ses élèves : il y a dans ces jeunes esprits un sentiment du juste qui les fait se révolter contre un maître qui n'accomplit pas ses devoirs. D'où part l'exemple ? D'en haut ou d'en bas ? Du professeur ou de ses élèves ? Eh bien, monsieur, vous avez donné le mauvais exemple, vos élèves vous ont suivi dans cette voie déplorable.

— Mais, monsieur le principal...

— Tout à l'heure, monsieur, vous vous défendrez, quoique les faits parlent assez haut pour que votre justification soit impossible. Il n'y a qu'une voix, monsieur, contre le favoritisme que vous montrez envers un de vos élèves ; tous les autres lui sont sacrifiés...

— On vous trompe, monsieur le principal.

— Oui, on pourrait me tromper si ce bruit m'était revenu par un de vos confrères, je croirais peut-être à la jalousie ; mais c'est dans la ville qu'on se plaint le plus haut. On en parlait dernièrement dans le monde ; au bal de la mairie, une personne considérable dont je respecte les avis et dont j'honore le caractère, m'a prévenu de veiller à un fait grave, qui peut m'enlever la faveur des habitants de Laon. Voilà, monsieur, comment les meilleurs établissements tombent sans que l'œil du chef puisse apercevoir les symptômes qui en annoncent la ruine. Vous avez compromis mon collége par des actes de favoritisme, je le répète ; enfin, vous, mon subordonné, vous vous êtes conduit comme un ennemi ; M. Tanton, le maître de pension, n'eût pas fait pis.

— Je ne sais vraiment que répondre à cela, monsieur le principal.

— Je le crois bien, vous êtes embarrassé ; et tout à l'heure vous me coupiez la parole.

— Je ne peux pas me défendre contre votre accusation, car je ne sais quel favoritisme j'ai pu employer.

— Et M. Charles-Marie ?

— Charles-Marie ! s'écria M. Delteil, que lui reproche-t-on ?

— On ne lui reproche rien dans cette affaire ; mais on se demande pourquoi vous l'avez fait sortir de la classe de huitième ?

— Monsieur le principal, vous savez aussi bien que moi qu'il était trop fort pour les autres élèves, son professeur en est d'accord, et vous-même avez autorisé cette permutation.

— Oui, monsieur, je me suis laissé prendre à vos piéges sans me douter de l'importance que vous y attachiez. »

M. Delteil poussa un soupir et leva les yeux au ciel.

« A vous voir, dit M. Tassin, on ne se douterait pas de la ruse de vos combinaisons ; mais il ne s'agit pas de se poser en martyr; vous avez feint d'ignorer la cause de mon indignation, et je veux vous la faire connaître jusqu'au bout. Pourquoi teniez-vous autant à avoir M. Charles-Marie dans votre classe, si ce n'est pour le favoriser aux dépens de ses camarades ? il n'y a qu'une voix là-dessus dans mon collége, je vous en avertis. M. Charles-Marie est trop souvent le premier pour qu'il en soit autrement. Un élève qui arrive en huitième sans savoir un mot de latin, qui saute dans une classe supérieure presque aussitôt et qui obtient les premières places en thème, en version, en mémoire, en sagesse, cela ne s'est jamais vu et mérite d'être contrôlé.

— Charles-Marie a des dispositions particulières.

— Bah ! c'est la grande raison de ceux qui n'en ont pas d'autres; vous voulez me faire passer le neveu des demoiselles Carillon pour un prodige, un enfant sublime, un Pic de la Mirandole peut-être : comment se fait-il que, sorti de vos mains, M. Charles-Marie ne sache plus rien, que vis-à-vis d'autres professeurs il reste muet, et que M. Goudrillas le montre dans ses notes comme un enfant borné ? Si vous répondez à cela, j'avoue mes torts.

— Monsieur le principal, comme beaucoup d'enfants, Charles-Marie a peur de l'aridité des chiffres ; l'arithmétique est moins voyante pour certaines natures d'élite; des chiffres les effrayent, troublent leur tête, et le moindre problème leur paraît un casse-tête, une surprise.

— Vous n'êtes pas maladroit dans vos explications, monsieur le professeur; et le régent de mathématiques serait de votre avis si M. Charles-Marie n'était pas la seule exception de sa classe. Il ne cherche même pas à résoudre un problème; il arrive dans la classe de M. Goudrillas sans copie, tandis que tous ses camarades, même ceux que vous traitez de paresseux, font leurs devoirs. Certainement tous ne sont pas de la même force, mais tous montrent de la bonne volonté ; votre protégé, au contraire, semble un zéro; si M. Goudrillas lui fait une question, il reste penaud. Vous avouez donc que le grand génie que vous avez découvert pèche par le côté des mathématiques.

— Oui, monsieur le principal; moi-même, de ma vie, je n'ai pu, malgré des efforts puissants, me rompre aux combinaisons chiffrées.

— Et c'est votre condamnation que vous prononcez là, monsieur le professeur de septième; vous ne vous êtes pas tourné vers les sciences mathématiques, je ne vous en blâme pas, je n'ai pas d'examen à vous faire passer, mais si vous saviez l'arithmétique, il est certain que M. Charles-Marie apporterait à son professeur des compositions admirables; M. Delteil, professeur de septième, résoudrait les problèmes de son élève, et son élève serait nommé le premier comme pour les thèmes et les versions.

— Comment! monsieur le principal, m'accuseriez-vous de faire les devoirs de Charles-Marie ?

— Telle est l'opinion générale, monsieur le professeur. Entre nous, avouez que vous y mettez peu de pudeur : vous logez chez les tantes de votre élève, des personnes assez mal vues dans le monde...

— Oh ! monsieur.

— Pardonnez-moi, monsieur le professeur, je suis depuis plus longtemps que vous dans la ville; et moi, régent de septième, je ne me serais pas logé chez des femmes qu'on n'a pas surnommées sans raison les trois-sans-hommes.

— Quelle indignité ! sécria M. Delteil.

— Vous ne le saviez pas, monsieur le professeur; je suis content de vous édifier sur le compte de vos hôtesses. La vie d'un professeur doit être grave et réservée; peut-être eût-il été plus convenable de fréquenter une maison d'un meilleur renom; enfin vous êtes libre de vos actions, et vous avez été vous établir chez des marchandes de modes qui ne vivent guère, dit-on; de leurs travaux d'aiguilles. Leur neveu était en huitième, vous l'avez fait passer en septième; il était externe, vous l'avez voulu externe libre afin de ne pas le perdre un instant de vue. Vous arrivez avec lui en classe, vous sortez de classe avec lui; convenez que ces soupçons pouvaient facilement s'accrocher après vous; tant que votre élève est avec vous, c'est un aigle; qu'il passe dans d'autres mains, c'est un oison. Croyez-vous que la malignité n'ait pas raison de vous attribuer une bonne part dans les compositions du jeune Charles-Marie?

— Monsieur le principal, dit M. Delteil, je n'ai qu'un mot à répondre: j'ai trouvé un jeune garçon rempli de bonne volonté et d'intelligence, je lui ai donné des conseils, des leçons même.

— Ah! s'écria M. Tassin. Et voilà l'homme qui ne voulait pas donner de répétitions à ses élèves, parlant à moi-même, car vous ne renierez sans doute pas vos propres paroles, d'un immense travail qui ne lui laissait pas une minute de loisir depuis quinze ans.

— Et je le répète encore, monsieur le principal.

— Cependant, qu'est-ce autre chose que des répétitions ce que vous appelez conseils et leçons? Avez-vous le droit de donner des répétitions à un seul de vos élèves qui devient privilégié et surpasse forcément ses camarades?

— Je n'ai pas voulu que Charles-Marie surpassât ses camarades; je l'ai trouvé plus faible qu'eux au début, je l'ai mis de niveau avec les élèves les plus avancés de ma classe, son intelligence a fait le reste.

— Vous savez vous retourner à merveille, monsieur le professeur, mais votre conduite n'est pas loyale : d'ailleurs à quel titre avez-vous accordé au neveu de mesdemoiselles Carillon, marchandes de modes, ce que vous avez refusé à moi, principal du collége ? Si je vous ai parlé de répétitions, c'était dans votre intérêt, c'était pour augmenter vos émoluments, c'était pour renforcer les études qui sont médiocres dans les basses classes.

— Un mot encore, monsieur le principal, dit M. Delteil, je comprends les répétitions et je vous remercie de l'intérêt que vous semblez me porter ; mais puisque vous parlez de favoritisme, ne croyez-vous pas que les répétitions favorisent justement le favoritisme, puisque les parents pauvres ne peuvent jouir des avantages des parents riches. J'ai deux élèves ignorants dans ma classe : ils ont besoin tous les deux de répétitions ; mais l'un est incapable de payer ces répétitions, tandis que les parents de l'autre peuvent s'imposer des sacrifices. Les chances ne sont donc plus égales.

— Cessez, monsieur, vos maximes détestables! s'écria M. Tassin dans un accès d'indignation ; je suis trop bon d'écouter depuis une heure vos sophismes. L'Université, dans sa haute sagesse, a permis des répétitions, et vous osez vous poser en adversaires d'hommes qui n'ont pas résolu cette question à la légère. Vous parlez en ennemi de l'Université, monsieur le professeur.

— Oh ! monsieur le principal! s'écria M. Delteil.

— Bien certainement les jésuites ne tiendraient pas un autre langage. »

M. Delteil voulut répliquer.

« Assez, monsieur, sur ce sujet; quoique vous vouliez en faire à votre tête et lutter contre l'Université, nous verrons qui l'emportera. »

M. Delteil s'en revint à la suite de cette conversation la tête perdue. Il lui sembla que son cerveau se brouillait et se remplissait de fumée ; il avait le sang à la tête, il prit le chemin des remparts, croyant à un malaise passager. Il espérait que le grand air lui apporterait un peu de fraîcheur au front ; en un moment, Charles-Marie, M. Tassin, les demoiselles Carillon, ses élèves, l'Université, les jésuites tournoyaient en ronde dans sa tête. Il marchait avec peine et ne distinguait plus les objets de la campagne, qui lui paraissait enveloppée dans un brouillard épais. Arrivé près du lavoir, qui se trouve en bas de la promenade de la Plaine, le bruit de l'eau qui tombait dans de grands bassins de pierre le rappela un moment à la réalité ; il eut l'instinct de descendre dans le lavoir, de prendre de l'eau dans le creux de sa main et de s'en baigner le front; mais il retomba assis sans mouvement sur un banc de pierre.

« Voilà un vieux monsieur qui a l'air de se trouver mal, » dit une des laveuses qui avait remarqué la marche trébuchante du professeur.

A force d'eau et de compresses mouillées, les lessiveuses tirèrent M. Delteil de son évanouissement; mais il était plus pâle que le linge blanc; heureusement, l'une d'elles, qui blanchissait les demoiselles Carillon, le reconnut, et avec l'aide d'une autre femme, parvint à ramener le professeur chez lui.

M. Delteil, tout le long du chemin, tenait des discours

sans suite qui se ressentaient de sa conversation avec le principal; il avait le délire et une forte fièvre. Sophie Carillon, effrayée, envoya chercher M. Triballet.

« Pourquoi, dit-elle à Charles-Marie, n'es-tu pas revenu du collége avec M. Delteil?

— M. Tassin l'a fait demander; mais après avoir attendu un quart d'heure, j'ai cru qu'il était occupé pour longtemps.

— Qu'est-ce qui a pu le prendre? » s'écriait Sophie en mettant toute la maison en révolution pour donner au malade un lit supérieur en matelas, en couvertures, à celui qu'il occupait d'habitude.

M. Triballet fit une grimace en se voyant chargé de la guérison du professeur.

« Cela a l'air fort grave, dit-il; c'est une espèce de fièvre chaude, de transport au cerveau... très-dangereux... Il faut d'abord voir à le saigner... Il n'est pas fort, votre savant. Il n'a que la peau sur les os... Je ne sais vraiment pas comment nous ferons pour le tirer de là.

— Voyons, monsieur Triballet, dit Sophie, faut-il appeler un autre médecin?

— Vous voulez m'humilier, je le vois, mademoiselle Sophie.

— Du tout, il faut sauver ce pauvre M. Delteil, et il me semble que si vous ne prenez pas vite un parti, la maladie s'augmentera de plus en plus. »

Alors M. Triballet sortit en toute hâte chercher sa trousse chez lui. Sophie, penchée sur le malade, étudiait les symptômes de souffrance qui passaient sur sa figure; tout à coup elle tressaillit; le professeur avait balbutié le mot de trois-sans-hommes.

« Ah! mon Dieu! s'écria-t-elle en tombant sur une chaise, lui aussi! »

Par moment, Sophie se figurait que ce terrible surnom était sorti de la mémoire des habitants de Laon et qu'elle et ses sœurs désormais pouvaient vivre tranquilles sans être exposées à entendre cette insulte; mais la moindre chose lui remettait en mémoire le jour fatal où elle découvrit ces mots écrits à la craie sur les volets de la boutique, et le coup qu'elle ressentit à l'instant fut d'autant plus violent qu'elle s'y attendait moins. M. Delteil continuait à murmurer des paroles incompréhensibles; Sophie crut que son oreille l'avait trompée et qu'elle était victime de ses propres pensées. Comment le proffesseur de septième, qui ne fréquentait personne, qui ne sortait pas de chez lui, pouvait-il avoir connu cette appellation?

Au milieu des mots sans suite que le délire enfantait dans la tête de M. Delteil, Sophie remarqua avec surprise le nom de Charles-Marie; mais elle attribua ce souvenir à l'affection que le professeur portait à son élève. Elle allait et venait dans la chambre avec inquiétude, comme une personne qui cherche sans espoir un moyen de guérison, lorsque pour la seconde fois M. Delteil prononça distinctement: « Les trois-sans-hommes. » Il n'y avait plus à s'y tromper; Sophie fléchit sur ses jambes, un voile passa sur ses yeux et elle crut qu'elle allait tomber. Si la pensée de la maladie grave du professeur n'avait combattu la sensitivité de Sophie, elle eût été en proie à une violente crise; elle tomba sur un fauteuil, ses mains se crispèrent, et elle eut le courage de lutter et de vaincre sa faiblesse. Les pensées les plus tristes s'emparèrent de Sophie. Peut-être était-ce ce surnom qui avait porté ce coup à M. Delteil! Comment l'avait-il appris?

A force de raisonnement, Sophie en vint à penser que le professeur avait pu l'entendre répéter au collége. Mais alors l'amertume devenait plus vive encore dans le cœur de la marchande de modes; si ce mot était connu au collége, Charles-Marie devait l'avoir entendu. La mélancolie de l'enfant ne pouvait-elle pas être attribuée à une injure qui le frappait, lui, le neveu des trois-sans-hommes? On avait dû le surnommer de la sorte. Les enfants sont si cruels dans leurs plaisanteries! Tous deux faibles, le professeur et l'élève supportaient sans doute la raillerie froide dont les sœurs étaient atteintes depuis si longtemps par un ennemi invisible.

Une autre pensée poignante traversait l'esprit de l'aînée des marchandes de modes; les malades sujets au délire n'affectent pas grande variation dans leurs idées: ce mot qui avait frappé l'imagination de M. Delteil allait revenir à chaque instant, de plus en plus accusé; tout le monde le connaîtrait, M. Triballet, Berthe et Charles-Marie, car un espoir restait encore à Sophie, c'était que son neveu ne l'eût jamais entendu. Sophie pensait combien il était difficile d'empêcher personne qu'elle de parvenir auprès du lit du malade.

« Docteur, dit-elle à M. Triballet quand il revint, je vous prie, dites bien à mes sœurs qu'elles pourraient nuire à la guérison de M. Delteil en entrant dans sa chambre, que le moindre bruit lui cause de l'irritation.

— Il faudra pourtant quelqu'un pour le soigner, dit M. Triballet.

— Et moi, dit Sophie, ne suis-je pas là?

— Mais la nuit?

— Je passerai la nuit.

— Voilà des folies; vous avez déjà une trop belle santé, n'est-ce pas, pour l'exposer à de grandes fatigues? Ce n'est pas une nuit à passer, c'est dix nuits.

— Eh bien, je les passerai.

— Quel dévouement pour un bonhomme qui ne vous en saura jamais de gré! car je doute qu'il en revienne.

— Est-il possible! s'écria Sophie.

— C'est une latte, cet homme-là; il n'a pas de sang, qu'est-ce que vous voulez?

— Parlez plus bas, docteur, s'il vous entendait!

— N'ayez pas peur, il n'entendra pas de huit jours; il a la tête occupée à bien autre chose. Mais, enfin, pourquoi ne voulez-vous pas que vos sœurs prennent un moment votre place?

— Parce que... dit Sophie en s'interrompant tout à coup.

— Parce que quoi? » demanda M. Triballet.

Sophie ne répondait pas.

« C'est de l'entêtement, mademoiselle; vous me cachez quelque chose, dit le docteur, qui avait pris des ciseaux dans sa trousse et qui rognait ses cheveux, suivant son habitude.

— Je tiens à garder moi-même M. Delteil, il sera mieux soigné... Caroline est triste et indolente; elle resterait au chevet du lit en oubliant qu'elle veille un malade. Berthe est trop vive et a besoin d'activité, elle remuerait dans la chambre.

— Qu'est-ce que dit donc le savant? » dit M. Triballet en abandonnant ses ciseaux et sa chevelure.

Sophie se précipita entre le médecin et le lit du malade.

« N'écoutez pas, » dit-elle en frissonnant, car M. Delteil venait de prononcer de nouveau le mot qui entrait comme un poignard dans le cœur de Sophie.

Après un moment de silence :

« C'est singulier, dit le docteur, ce qui se passe ici. N'écoutez pas! répéta-t-il en roulant ses gros yeux du malade à Sophie. Il y a donc un mystère? »

Sophie ne répondit pas.

« Écoutez, mademoiselle Sophie, dit le docteur avec un profond soupir; vous n'êtes pas franche avec moi, vous me cachez quelque chose que j'ai le droit de savoir.

— Oh! le droit! dit Sophie impatientée. Tenez, vous m'agacez...

— Oui, j'ai le droit de tout savoir comme médecin; comment voulez-vous que je guérisse votre savant si sa maladie tient à un secret dont vous avez le fil?

— Docteur, dit Sophie, vous êtes bon et vous avez raison; quoique vous n'ayez jamais manifesté de sympathie pour ce pauvre M. Delteil, promettez-moi de le guérir.

— Je ne peux vous promettre que le possible.

— Mon Dieu! s'écria-t-elle, est-ce donc impossible?

— Ce n'est pas impossible non plus; la maladie n'est pas encore dans son ensemble, je ne sais de quel côté elle tournera; tout ce que je peux vous promettre, c'est de m'y mettre de toutes mes forces à la combattre; puis-je mieux dire?

— Docteur, donnez-moi la main, vous êtes un brave homme; je vais vous dire ce que je cherchais à vous cacher depuis si longtemps. Vous rappelez-vous le jour où me prit ma première attaque?

— Certainement, mon enfant; j'y suis habitué, aujourd'hui, mais les premières fois m'ont été pénibles.

— J'ai manqué de confiance avec vous, docteur; j'aurais dû vous dire que ces attaques venaient de ce qu'un matin, en ouvrant la boutique, Caroline trouva sur les volets ces mots écrits en grosses lettres : « Magasin des trois-sans-hommes. » Est-ce assez lâche d'avoir insulté de la sorte trois sœurs qui vivent honnêtement de leur travail et qui n'ont jamais fait de tort à personne!

— Ah! vous le saviez, dit M. Tribalet; je le savais aussi.

— Et vous ne m'en avez jamais parlé.

— Pourquoi faire? dit le docteur; renouveler des chagrins irremédiables, puisque je vous ai toujours entendue dire que vous ne vouliez pas vous marier.

— Oh! non, dit Sophie tristement.

— Mais je ne savais pas que vos accès venaient de là.

— De là ou d'ailleurs, dit Sophie, qu'importe? Le mal n'en est pas moins le mal. On ne le guérit pas, mais avec du courage on le supporte.

— Bonne mademoiselle! s'écria M. Triballet; mais je ne vois pas le rapport entre ce fait et la maladie de M. Delteil.

— C'est pourtant simple : dans son délire, M. Delteil répète ce qu'on avait écrit sur les volets de la boutique.

— Ah bah ! dit le docteur, il l'aura entendu circuler dans la ville.

— Cela se dit donc beaucoup ? dit Sophie avec tristesse.

— Non... moins, très-peu même; dans les commencements, je ne dis pas. Il y a tant de gens qui n'ont rien à faire et qui s'occupent d'un mot ! mais celui-là est passé, je ne l'entends plus aussi souvent, je ne l'entends plus du tout. Et vous vous affligez de ce que le professeur le connaît?

— Pas précisément, dit Sophie; mais cela a dû frapper vivement l'esprit de M. Delteil, puisqu'il le répète dans son délire.

— Il ne faut pas croire au délire plus qu'aux rêves et aux cauchemars; les malades reviennent aux choses les plus indifférentes, on ne sait pourquoi. Ils parlent de choses auxquelles ils n'ont jamais songé.

— Vous êtes sûr, monsieur Triballet ?

— Certainement.

— Voilà pourquoi je ne veux pas que mes sœurs entrent dans cette chambre... Berthe ne sait rien, il vaut mieux qu'elle l'ignore; quant à Caroline, qui sait si sa mélancolie ne vient pas de ce triste souvenir ?

— A votre place, dit M. Triballet, je sais bien ce que je ferais; la guérison du professeur serait plus certaine, il serait mieux soigné, mieux traité.

— Dites, docteur, que faut-il faire ?

— Je l'enverrais à l'hôpital.

— Oh ! docteur ! s'écria Sophie d'un ton de reproche.

— Allons, le mot vous fait peur, vous êtes comme tout le monde ; cependant, si j'étais malade, j'aimerais mieux aller à l'hôpital que de languir chez moi.

— Mieux soigné ! répétait Sophie ; vous ne me connaissez guère, docteur. Je veux faire pour M. Delteil ce que ferait sa mère. Voyons, est-il convenable à un professeur du collége d'aller à l'hôpital ?

— Il en est passé de plus grands seigneurs que lui et qui ne s'en trouvaient pas plus mal.

— N'importe, docteur, ne me dites plus ce vilain mot. Je ne vous demande qu'un service : êtes-vous bien décidé à soigner mon pauvre malade ?

— Comme je vous soignerais, mademoiselle.

— Ah ! je vous remercie et vous en ai une éternelle reconnaissance. »

VII

Un baryton de province. — Le dictionnaire de M. Delteil. — Caroline aime.

L'habitude des jeunes gens de Laon est de se promener dans l'hiver, entre cinq et six heures du soir, sur la place du Bourg; la promenade n'est pas longue, elle se termine au puits Saint-Julien, qui est la fin de la rue Saint-Jean, mais elle a son importance. Les couturières sortent pour goûter, les employés quittent leurs bureaux, les élèves leurs études; c'est un va-et-vient assez remarquable pour une ville dont les autres rues sont désertes. L'espace situé entre la place du Bourg et le puits Saint-Julien représenterait assez le mouvement du Palais-Royal à cinq heures, si un grain de sable donnait la mesure d'un rocher. Là sont les boutiques les plus somptueuses de Laon : on y voit des magasins de bonneterie, une librairie, un tailleur de confection, un marchand de fer, un pharmacien, deux marchandes de modes, un sellier et deux épiciers. Peu de maisons bourgeoises se mêlent à ce commerce, excepté toutefois celle des dames Marcillet, avec sa large façade et son toit élevé couronnant trois étages qui paraissent plus élevés que la cathédrale dans une ville qui bâtit des maisons d'ordinaire très-basses.

Dans les maisons de commerce il y a des demoiselles de boutique ; c'est ce qui explique pourquoi les jeunes gens ont choisi ce parcours de la ville pour s'y promener par bandes de trois ou quatre. Si les apprenties couturières se montrent deux fois par jour dans l'intention d'être remarquées des clercs d'avoués, à leur tour les clercs d'avoués ne sont pas fâchés de parader dans leur jeunesse devant les demoiselles de boutique. La rue de Vaux, où demeurent les demoiselles Carillon, ne jouit pas d'un tel mouvement ; cependant l'hôtel du Griffon, situé en face, amène à sa table d'hôte quelques voyageurs, et par exception des jeunes gens de la ville. Caroline Carillon remarqua entre autres un jeune homme qui prenait ses repas au Griffon et qui plus d'une fois lança un coup d'œil prolongé dans la boutique des marchandes de modes. Ce regard fut la cause de la mélancolie de Caroline, qui chercha à connaître le nom de l'inconnu, M. Jannois, commis de la poste, dès son arrivée l'homme à la mode de Laon. Il passait pour un chanteur admirable, d'après des bruits de salons. Les dames Marcillet, dont la plus jeune est mariée à l'avocat Marcillet, firent sa réputation, car le commis de la poste fut invité à leurs soirées, grâce à sa toilette exquise. Il donnait le ton aux jeunes gens de Laon par ses habits qu'on croyait d'une coupe parisienne, mais qui venaient de Soissons, où M. Jannois avait passé six mois en qualité d'inspecteur des postes. Nulle part on ne vit la couleur de son argent, qui était employé en objets de toilette apparents, tels que chemises, jabots, manchettes, gants, odeurs et parfumeries de toute espèce. Les créanciers de M. Jannois expliquaient honnêtement ses manques de payements par des qualités artistiques qui prenaient un grand éclat dans le monde de province où vivait le commis de la poste.

M. Jannois, avec sa voix de baryton, une barbe noire peignée avec un grand soin, le teint olivâtre, la figure allongée, des manières de salons parisiens, offrait un de ces types que les femmes adorent chez les premiers rôles de l'Ambigu. Il tournait un compliment de soirée avec des airs d'*Antony* qui sont tout à fait inconnus aux jeunes bourgeois.

On ne s'expliquait pas la maigre place de commis de la poste avec cette apparence de distinction : la vérité est que M. Jannois, élevé en vue du Conservatoire de musique, avait rêvé un moment la vie fastueuse des chanteurs d'opéras; mais il fut désillusionné cruellement par un professeur sérieux qui lui fit comprendre qu'une voix agréable, une certaine méthode ne mènent à rien. Les chanteurs parisiens qui sont applaudis tous les soirs, ont déjà usé deux poitrines avant d'arriver à la réputation qui fait que le public ne les admire qu'à leur décadence. C'est l'histoire des femmes entretenues qui n'arrivent à une célébrité chèrement payée qu'à l'âge de trente ans. Comme les chanteurs, elles ont passé douze ans à lutter, à dépenser leur jeunesse, qu'elles exploitent plus tard et qu'elles servent sous le masque de l'adresse.

Le professeur du Conservatoire, qui ne voyait pas dans son élève assez de force pour lutter dix ans, lui fit comprendre clairement la triste vie qu'il se préparait.

« Vous riez, lui dit-il, de Ponchard qui chevrote des romances dans les salons, mais Ponchard s'est fait une réputation quand il chantait. Aujourd'hui il se fait des rentes avec une ancienne renommée dont Paris conserve le souvenir jusqu'à la mort. Autant vous aurez de peine à vous faire un nom dans les arts, autant vos ennemis useront leurs dents à vous l'enlever. On ne perd pas plus sa réputation qu'on ne la vole. Soyez certain que chaque homme qui a un nom à Paris, à part de rares exceptions, l'a gagné par des travaux inouïs; et contre ces travaux viendront échouer malignité, critiques violentes, diffamations. Vous, monsieur Jannois, vous n'avez pas assez de voix pour arriver; au bout d'un an de théâtre (et votre réputation ne serait pas faite en douze mois), vous seriez plus ridicule à vingt-cinq ans que Ponchard à soixante. »

L'élève n'eut pas assez d'intelligence pour comprendre la vérité de ces conseils sévères; il sortit du Conservatoire, et essaya, pendant deux ans, de chanter dans des concerts montés par des médiocrités semblables à lui; il obtint quelques succès, dus à une toilette irréprochable au dehors, mesquine au fond; mais il ne gagnait pas sa vie, et dépensait des trésors de ruses pour ne pas dépenser d'argent. Quand vint la misère, cette terrible misère parisienne que connaissent également les faux et les vrais artistes, et les commis de monts-de-piété, Jannois songea à sortir de sa position. Jusque-là, il avait vécu maritalement avec une chanteuse de concerts, qui fournissait aux besoins du ménage; mais, un jour, revenue des manières distinguées de son amant, elle partit à l'improviste, engagée au théâtre de la Haye.

Jannois se crut sauvé en acceptant une place de surnuméraire dans les postes. Il passa ainsi dix ans en province pour arriver à gagner quinze cents francs. Il laissa dans chaque ville des souvenirs à ses créanciers et aux musiciens : les uns, furieux d'avoir été trompés en se vengeant sur le dixième que la loi accorde pour les dettes ; les amateurs et les dames, parlant avec enthousiasme du beau talent qui était désormais perdu pour le pays.

M. Jannois, que ses manières et sa voix faisaient accueillir par l'aristocratie en province, et qui trouvait dans certaines villes son couvert mis deux fois par semaine dans les maisons nobles, fit la grimace en se trouvant isolé sur la montagne de Laon, qu'il appelait dédaigneusement un trou. Quoique bien reçu dans la maison de l'avocat, grâce à sa voix et à son costume, il en sortait plein de colère contre les petits verbiages, les menus scandales, la vie rétrécie des dames Marcillet. Sans être un grand artiste, il avait assez fréquenté de musiciens pour se rendre compte de la valeur des tapotements de madame Marcillet la jeune sur un mauvais piano. L'ennui le prit jusqu'au jour où il s'aperçut que Caroline Carillon l'observait à travers les rideaux de la boutique. A partir de ce moment, il resta seul, sous le prétexte de fumer un cigare, après le dîner des pensionnaires, dans la salle à manger de l'hôtel du Griffon ; et la connaissance se fit de telle sorte, qu'un jour M. Jannois entra dans la boutique des demoiselles Carillon comme un ancien ami. C'était le soir, à l'heure où Sophie et Berthe étaient allées faire un tour sur la promenade Saint-Just. Caroline rougit extrêmement, et répondit tout de travers à M. Jannnois, qui lui demandait une romance. Le fait de vendre de la musique était si miraculeux, que les sœurs non-seulement ne se tenaient pas au courant des nouveautés musicales, mais avaient résolu de vendre leur fonds de musique. Caroline apporta un assez volumineux paquet de romances jaunies, qui pouvaient avoir dix ans de date; mais ce n'était pas là l'inquiétude de M. Jannois. Tout en faisant semblant de feuilleter le paquet, il tournait les plus jolis compliments à Caroline, avec un accent parisien si séduisant, qu'elle croyait entendre des variations jouées par un instrumentiste habile.

Le commis de la poste se plaignit vivement de sa triste situation à Laon, de la solitude dans laquelle il vivait, le tout entremêlé de flatteries adroites pour Caroline; et sa mine et ses yeux annonçaient une telle mélancolie, que la jolie marchande se laissa prendre à ces façons désespérées, qu'il était alors de mode de porter. M. Jannois demanda et obtint la permission de venir quelquefois causer après son dîner; il sut intéresser Caroline à des souffrances factices qu'elle partageait réellement, pendant que Sophie et M. Triballet se demandaient la cause de ses chagrins. Caroline comprenait qu'elle faisait mal en recevant un jeune homme pendant l'absence de ses sœurs; bien des fois elle voulut l'avouer à Sophie, mais elle était retenue par des craintes vagues des reproches de son aînée. La maladie de M. Delteil accéléra cette liaison; les deux sœurs n'allaient plus promener. Sophie ne quittait pas la maison : elle passait la journée dans la chambre du malade; mais Berthe restait dans la boutique, et empêchait Caroline de recevoir M. Jannois. Le premier jour, elle lui fit signe de ne pas entrer lui rendre visite; mais comme pendant deux soirs le commis de la poste se promena de long en large devant la boutique, elle craignit que Berthe ne remarquât le manége. Elle-même se sentait atteinte d'une mélancolie profonde de voir briser ses douces conversations du soir; elle n'hésita plus, et écrivit un mot à M. Jannois, par lequel elle le priait de ne plus la compromettre, qu'elle lui en donnerait les raisons le même soir, qu'il n'avait qu'à l'attendre, à la tombée de la nuit, derrière l'hôtel du Griffon. Ce ne fut pas sans de longues hésitations que Caroline donna ce rendez-vous; mais après des combats sans nombre, elle était résolue à prier M. Jannois de ne plus chercher à la revoir.

Ayant prétexté une acquisition à faire dans le voisinage, elle laissa Berthe garder la boutique, et s'élança toute tremblante sous la voûte de l'hôtel du Griffon, qui mène aux remparts. Elle reconnut le commis de la poste à la lueur de son cigare.

« Monsieur, dit-elle, oubliez-moi, nous ne pouvons plus nous revoir. »

Mais M. Jannois avait pris ses mains et les serrait sans répondre.

« Laissez-moi, monsieur, on peut nous rencontrer. »

Caroline était tremblante, en proie à une vive émotion; le commis de la poste, qui avait appris dans la vie parisienne à brusquer le commencement d'une liaison, lui jeta la moitié de son manteau sur ses épaules, en lui disant que c'était pour la garantir du froid et aussi pour ne pas être reconnue. Grâce au manteau, M. Jannois put prendre familièrement la taille de la marchande de mode, qui se laissait aller sans mot dire, effrayée du progrès que cinq minutes avaient fait faire à sa liaison.

« Je ne peux pas aller plus loin, disait Caroline, que diraient mes sœurs? »

Alors M. Jannois se mit à parler de son amour qui durait depuis si longtemps en secret; et comme il avait l'habitude du monde et des phrases galantes, sa conversation ne tarissait pas : quelquefois il penchait la tête, et il était bien difficile à Caroline de fuir la rencontre des lèvres du jeune homme, qui, par la position heureuse de son bras droit, pouvait, d'ailleurs, empêcher toute espèce de résistance. Les conversations amoureuses semblent doubler le mouvement des horloges : Caroline tressaillit tout à coup en entendant les heures graves de la cathédrale sonner lentement et longuement.

« Mon Dieu! dit-elle, on dirait minuit!

— Il n'y a pas une heure que nous sommes ensemble, mon amie.

— Vous me trompez, monsieur, le temps passe vite; il faut que je rentre. Ah! pourquoi suis-je venue? »

Un baiser du jeune homme servit de réponse à cette question.

« Finissez, monsieur, je vous en prie; c'est bien la dernière fois que je viens... »

M. Jannois prouva qu'il voulait profiter de cette dernière fois, et étouffa sous son manteau les plaintes de Caroline.

« Faites comme si vous ne m'aviez jamais connue, dit-elle en arrivant près de l'impasse de l'hôtel du Griffon.

— Demain soir, disait M. Jannois, je vous attendrai à la même heure, ma chère Caroline.

— Cela ne se peut pas... oubliez-moi, monsieur; je suis déjà trop malheureuse.

— Demain, dit le jeune homme, j'irai vous prendre chez vous.

— Oh! non, vous ne le ferez pas, n'est-ce pas?... Je viendrai plutôt.

— Bien sûr?

— Oui, à la même heure. »

Le jeune homme demanda des gages. La marchande de modes en donna autant qu'elle s'en laissa prendre.

Caroline rentra chez elle en détournant la tête, car elle avait la figure en feu, et elle craignait que Berthe ne remarquât sa rougeur.

« Que tu as été longue! » lui dit celle-ci.

Caroline s'excusa en répondant qu'elle avait entendu parler d'un grand incendie dans un village de la vallée, et qu'elle avait, ainsi que beaucoup de curieux, cherché à s'en assurer en regardant des remparts. Et pour éviter d'autres questions, elle se mit à fredonner en remuant divers objets dans la boutique. Sans y mettre de malice, Berthe s'écria :

« Tu es bien gaie ce soir; est-ce d'avoir vu l'incendie? »

Caroline fut embarrassée un instant.

« Tu es sotte, ma sœur ; je ne me réjouirai pas de savoir qu'une ferme brûle ; mais l'air m'a fait du bien, cela me remue le sang.

— Je le crois bien, dit Berthe, il ne fait pas chaud, l'air est vif.

— J'aime ce temps-là, dit Caroline.

— Comme tu es singulière ! tu ne voulais pas te promener avec nous dans l'automne, tu restais enfermée à la maison ; maintenant qu'il neige, qu'il gèle, tu trouves le temps à ton gré.

— Vous aimez la chaleur, dit Caroline un peu sèchement, j'ai bien le droit d'aimer le froid. »

Cette petite querelle irritait Caroline, qui rougissait d'ajouter un mensonge au bout de chaque parole, lorsqu'elle fut terminée par l'arrivée de M. Triballet, qui descendait l'escalier après avoir passé la soirée avec Sophie Carillon auprès du lit du malade.

« Eh bien ? lui demanda Berthe.

— Toujours la fièvre et toujours un peu de délire ; mais nous touchons au bout, je l'espère... Mesdemoiselles, je me sauve, je vous demande pardon, je suis en retard, on m'attend chez madame Marcillet la jeune. »

Le docteur sortit précipitamment ; d'ailleurs, il ne pouvait causer qu'avec Sophie, qui semblait lui mâcher la conversation, tandis qu'il était tout à fait gêné avec les deux cadettes. Le lendemain, Charles-Marie revint tout en pleurs du collége : à la suite de la maladie de son professeur, il était resté deux jours sans aller en classe ; pendant ce temps, un maître d'études suppléant avait dicté un thème pour servir de composition. Charles-Marie n'ayant pas la dictée, ne put composer, et fut classé le dernier sur la liste, au grand contentement de ses camarades. M. Tassin, étant entré par hasard dans la classe de septième, jeta un regard sur le tableau des places qui était accroché à la chaire du professeur, et dit avec un sourire :

« Ah ! M. Charles-Marie est le dernier... c'est étonnant, lui qui est toujours le premier. On voit bien que M. Delteil n'est pas là. »

Les élèves, encouragés par le principal, se mirent à rire bruyamment. Charles-Marie, humilié, dit ce qui était arrivé, qu'il n'avait pas pu faire un thème dont il n'avait pas la dictée.

« Tout cela est bien imaginé, dit M. Tassin ; mais vous vous êtes absenté exprès le jour de la dictée, afin de donner un motif raisonnable.... Qu'aviez-vous à faire auprès de M. Delteil? Êtes-vous, par hasard, son médecin ou son pharmacien ? »

Les élèves rirent de plus belle. Charles-Marie dit que sa tante l'avait retenu deux jours à la maison.

« Ah! mon petit ami, dit dédaigneusement le principal, vous avez perdu un maître qui vous était bien dévoué, et qui vous aurait rendu bien savant... Dites-moi? est-ce que vos devoirs vous coûtaient beaucoup de travail ? »

Charles-Marie n'osait plus lever les yeux, se sentant entouré de regards ennemis ; les larmes lui montaient dans les yeux ; il faisait de vifs efforts pour les empêcher de couler.

« Allons, dit M. Tassin, quand M. Delteil sera guéri, vous serez plus heureux dans vos compositions, n'est-ce pas? vous serez encore le premier.... »

De grosses larmes tombaient une à une sur le papier de l'écolier honteux.

« Il ne faut pas pleurer pour si peu... Tenez, monsieur Charles-Marie, si vous voulez que je croie que vous faites vos devoirs vous-même ou sans l'aide de votre professeur, dites-moi combien font neuf fois neuf ? »

C'était une façon grossière de montrer aux élèves de septième l'ignorance de l'enfant, car Charles-Marie était atterré par la forme des chiffres ; il ne répondit pas. A sa droite, une voix lui soufflait soixante-trois ; à sa gauche, trente-sept ; c'est la tactique ordinaire des écoliers pour mettre un camarade dans l'embarras, tout en ayant l'air de venir à son secours.

« Et huit fois huit ! » demanda M. Tassin.

Les élèves continuèrent à lancer des chiffres faux à voix basse. Le principal descendit ainsi tous les degrés de la table de Pythagore, jusqu'à ce qu'il fût arrivé à cette question dérisoire :

« Combien font un et un ? »

Mais Charles-Marie, ne pouvant plus supporter cette humiliation, fondit en larmes.

« Allons, mon petit ami, dit M. Tassin, si vous voulez obtenir cette année le prix d'arithmétique, vous avez beaucoup à travailler ; M. Delteil aura bien du mal à vous instruire. »

Sophie fut vivement touchée de la désolation de Charles-Marie, qui ne pleurait jamais ; elle lui fit mille questions, lui demanda s'il avait été battu ; mais l'enfant ne répondit pas. Sophie ayant lu son bulletin imprimé, crut que son amour-propre avait été froissé d'être le dernier dans la composition de thème; Charles-Marie refusa d'aller au collége pendant l'absence de M. Delteil; la marchande de modes se dit que sans doute le nouveau professeur était brutal. Elle eût été s'en expliquer avec M. Tassin, mais la maladie de M. Delteil réclamait encore ses soins. Cependant, peu à peu, le délire s'en alla avec la fièvre, et un matin le vieux professeur fut tout étonné de voir l'aînée des trois sœurs pâle et assoupie dans un vieux fauteuil près de lui. M. Delteil se crut le jouet d'un songe; il essaya de se lever, mais il retomba sur son lit, et ses mouvements réveillèrent Sophie.

« Ah ! s'écria-t-elle en oubliant ses fatigues, vous voilà donc mieux !

— Est-ce que j'ai été malade ?

— Quinze jours, monsieur, sans connaissance.

— Quinze jours! dit M. Delteil; et mon dictionnaire!

— Quel dictionnaire? demanda Sophie.

— Je suis bien en retard, dit-il... faites-moi voir mes papiers, ma chère demoiselle. »

Sophie alla vers le bureau sur lequel étaient entassées des notes.

« Est-ce ça ? dit elle.

— Oui, oui ! » s'écria le professeur avec un accent de joie. Sophie prit les notes avec précaution et les porta sur le lit du malade; en même temps elle tirait les rideaux de la fenêtre, et le soleil se précipita dans la chambre.

« Ah ! quel beau soleil, dit M. Delteil, et qu'il fait bon de vivre ! »

Et il remuait tous ses vieux papiers, lisait avec attendrissement des définitions de mots grecs, et caressait les feuillets comme des amis qu'on n'a pas vus depuis longtemps.

« Pardonnez-moi, mademoiselle Sophie, dit le professeur, je vous oublie; vous me trouvez bien ingrat, n'est-ce pas ?... Voulez-vous me permettre de vous serrer la main ? »

Alors seulement il s'aperçut de son amaigrissement, en comparant sa main avec la main de la marchande de modes. Sophie comprit sa pensée.

« Dans huit jours, dit-elle, il n'y paraîtra plus; d'abord, je veux que vous mangiez aujourd'hui; comme vous devez avoir faim !... Cependant, il ne faut pas faire de folies; je le demanderai à M. Triballet... Je vous ferai du bouillon de poulet bien léger; il faut que vous guérissiez tout de suite. »

Le pauvre professeur ne savait plus que répondre, tant il était reconnaissant des bontés de la marchande de modes. Depuis trente ans qu'il vivait seul, il n'était pas habitué à ces soins, à ces délicatesses qui n'existent que dans la vie de famille. Logeant dans des garnis médiocres depuis qu'il était dans l'instruction, trop timide pour entrer en connaissance avec ceux qui lui louaient, le professeur avait fini par croire que la vie était son grand dictionnaire. Ses notes manuscrites étaient ses enfants; hors de là, il ne soupçonnait rien dans le monde. Sa taciturnité, son maigre équipement n'intéressaient personne en sa faveur; ses supérieurs ne faisaient pas attention à lui, ses confrères en rougissaient, et les enfants, ses inférieurs, le tournaient en ridicule.

M. Delteil avait compris le triste rôle qu'il jouait dans la société; mais il ne s'en était pas affecté; ou si quelque pensée de ce genre avait un moment passé par sa tête, le travail l'en avait chassée immédiatement. Il dut à sa convalescence de connaître l'amitié; la sœur de charité qui panse les plaies d'un soldat blessé, l'homme du peuple qui se dévoue pour sauver un malheureux qui se noie, le prêtre portant des paroles d'espérance au mourant, furent dépassés par la marchande de modes, que M. Delteil crut un ange égaré sur la terre. Alors seulement il comprit ce qu'est la femme, car jusqu'alors il ne s'en était pas douté. A quarante-cinq ans, le professeur découvrit une nouvelle vie où l'air était plus pur, le ciel plus beau, les arbres plus verts, les hommes meilleurs. Il attribua ce paradis à l'influence de Sophie, sans se douter que la convalescence portait ses fruits. Un matin, en se réveillant, M. Delteil se surprit à fredonner une petite chanson vieillotte qu'il tenait probablement de sa nourrice, il sauta résolûment à bas du lit pour la première fois depuis sa maladie, et il courut à son miroir cassé pour être certain que c'était bien de sa bouche que sortaient ces *tradéridéra* qui l'étonnaient. Il ouvrit la fenêtre; le temps était sec, la gelée avait blanchi les chemins; la montagne de Vaux, dans ses détours, mène au faubourg, où des maisons couvertes en ardoises brillantes annoncent la richesse des cultivateurs. Au pied de la montagne, la Grange-Lévêque, avec son architecture de briques, lui rappela la légende fantastique d'un évêque lancé du haut de la citadelle dans un tonneau garni de clous à l'intérieur. En d'autres circonstances, M. Delteil eût peut-être comparé sa situation à celle du prétendu martyr; mais il oubliait ses souffrances passées en se promenant de l'œil dans la longue montagne de Chambry, avec sa bordure de peupliers, qui ne s'arrête qu'à l'horizon. Sophie surprit le professeur dans une espèce d'extase.

« Comment ! dit-elle, vous voilà levé, monsieur Delteil ? mais c'est bien imprudent, et sans avoir mangé... vous allez prendre froid.

— Je me sens bien, dit le professeur.

— N'importe, dit Sophie en se défaisant d'un petit châle de laine peinte qu'elle portait, il faut vous mettre cela au cou. »

Malgré ses excuses, M. Delteil se laissa emmaillotter comme un enfant.

« Je me suis levée, dit la marchande de modes, avec l'idée que vous étiez guéri, et j'ai fait, dès ce matin, du bouillon que Berthe va vous monter tout à l'heure.

— Comment pourrai-je reconnaître votre dévouement, mademoiselle ? disait M. Delteil.

— N'est-ce pas bien naturel ? Si vous ne voulez pas que je me fâche, n'en parlons plus... Comme vous devez avoir froid, avec votre petit habit !... Attendez, dit-elle, j'ai en bas une vieille robe de chambre qu'un de nos locataires a laissée en partant; elle n'est pas belle, mais elle vaudra encore mieux que l'habit. »

En un clin d'œil Sophie, accompagnée de Berthe, apporta du bois, le bouillon et la robe de chambre; M. Delteil se croyait dans un royaume féerique, et il eût donné dix ans de sa vie pour baiser le bas de la robe de la marchande de modes. Quand il se trouva assis près d'un feu clair et pétillant, entortillé dans la robe de chambre, appuyé sur un coussin que Sophie avait ajouté au fauteuil, sa petite table devant lui, M. Delteil pensa qu'il rêvait.

« Mademoiselle ? disait-il.

— Monsieur, avez-vous besoin de quelque chose ?

— Je voulais seulement vous entendre parler. »

Le vieux professeur se sentait la tête vide d'idées et de souvenirs; son cerveau lui paraissait plus jeune et tout disposé à saisir des impressions nouvelles.

« J'enverrai aujourd'hui de vos nouvelles au collége.

— Ah ! oui, le collége, dit M. Delteil, qui se souvint, à ce moment, qu'il était professeur. Et notre petit Charles-Marie ?

— Il reste ici depuis votre maladie; mais cela ne l'empêche pas d'étudier, au contraire. Il lit toujours les livres que vous avez bien voulu emprunter pour lui à la bibliothèque. »

En ce moment, le crocodile, M. Tassin, les trois-sans-hommes revinrent à l'esprit de M. Delteil, dont les rides se creusèrent.

« Eh bien, qu'avez-vous ? dit Sophie.

— Ah ! mademoiselle, pourquoi faut-il que je vous quitte après tant de bontés ?

— Me quitter ? s'écria la marchande de modes.

— Oui, mademoiselle, quitter Laon, le collége; je vais sans doute être appelé ailleurs.

— Est-ce possible ! ce n'est pas décidé encore..»

M. Delteil poussa un long soupir.

« Non, non, cela ne se peut pas, dit Sophie; d'ailleurs, vous n'êtes pas rétabli; vous vous croyez solide sur vos jambes, vous en avez encore au moins pour quinze jours sans sortir. Et puis, je ne veux pas que vous vous en alliez.

— Vous ne le voulez pas, dit M. Delteil en regardant Sophie, qui semblait attristée de cette nouvelle, et qui lui faisait de sa bouche une prière de rester. Cela ne dépend pas tout à fait de moi.

— Voyons, dit Sophie, est-ce que vous ne vous trouvez pas bien chez nous ?

— Oh! mademoiselle, peut-on dire?...

— D'abord, Charles-Marie a besoin de vous; je suis sûre qu'il ne voudrait pas continuer ses classes si vous n'étiez pas avec lui.

— Mais, mademoiselle, l'année prochaine il entrera en sixième, et il faudra bien nous séparer.

— C'est égal, vous le verrez à la maison, vous lui donnerez des conseils... il vous aime tant! Pourquoi ne monteriez-vous pas en grade aussi? Je ne m'y connais pas, mais vous me faites l'effet d'être le plus savant du collége, même que M. Tassin.

— Je n'ai jamais sollicité de monter d'une classe, dit M. Delteil, et l'on m'a un peu oublié.

— Je m'en doutais, dit Sophie; mais ce n'est pas bien; il ne faut plus rester à l'écart comme vous le faites, il faut se remuer, demander; en demandant, vous monteriez d'une classe, et Charles-Marie serait encore avec vous.

— Je n'ai jamais songé à tout cela, dit M. Delteil, et vous avez peut-être raison; c'est cela, j'écris au recteur, je donne mes titres... »

Sophie continua à tenir compagnie au vieux professeur pendant le reste de la journée, et à former pour lui des rêves d'un avenir doré ; elle ne descendit qu'à la tombée de la nuit à la boutique.

« Où donc est Caroline ? demanda-t-elle.

— Elle est sortie, dit Berthe.

— Où va-t-elle ?

— Je n'en sais rien. »

Alors Sophie se rappela que plusieurs fois déjà, depuis la maladie de M. Delteil, elle avait remarqué l'absence de sa sœur.

« Est-ce qu'elle sort souvent ? demanda-t-elle.

— Tous les jours, à peu près.

— C'est singulier, » pensa Sophie ; et elle ne fit plus d'autres questions ; mais, le lendemain, elle resta plus tard que de coutume dans la chambre de M. Delteil, et, à la lueur du réverbère, elle aperçut sa sœur qui se glissait sous la voûte de l'hôtel du Griffon. D'abord, elle n'y prit pas garde ; elle pensa que sa sœur allait promener ses rêveries au grand air de la nuit ; mais elle eut défiance de son premier sentiment, et, le lendemain, elle resta à table plus tard que de coutume, non sans s'apercevoir combien Caroline paraissait gênée de sa présence ; chacun de ses mouvements marquait une impatience mal contenue. Elle se levait, passait de la salle à manger à la boutique, et revenait inquiète.

« Caroline, dit Sophie, tu serais bien aimable d'aller voir un peu chez la blanchisseuse pourquoi elle ne rapporte pas le linge.

— Oui, ma sœur, dit Caroline, dont la figure prit immédiatement l'expression du contentement.

— Depuis que M. Delteil est malade, vous ne vous

occupez de rien, dit Sophie ; je ne sais pas vraiment comment la maison irait si je ne m'en mêlais pas. »

Caroline n'avait pas attendu la fin du discours ; elle avait mis son chapeau sans songer à se mirer dans la glace. L'aînée des marchandes de modes ne parut pas faire attention à cette précipitation ; elle laissa sortir sa sœur et alla dans la boutique, laissant Berthe occupée à ranger la table. Caroline n'avait pas fait dix pas dans la rue, qu'elle revenait le long des maisons, en essayant de se perdre dans l'ombre ; elle prit, suivant son habitude, le chemin des remparts. Sophie, à qui ce manége n'avait pas échappé, ouvrit la porte de la boutique sans bruit, et suivit la même direction ; mais deux minutes avaient suffi à Caroline pour distancer sa sœur, et Sophie crut remarquer, à l'autre bout des remparts, une ombre noire épaisse qui ne pouvait pas donner d'indices certains.

Au dîner qui suivit ces observations, Sophie ne quitta pas l'appartement, et Caroline, qui ne disait pas un mot, se plaignit d'un mal de tête violent qu'elle allait tâcher d'oublier dans le sommeil. Mademoiselle Carillon avait vaincu les résistances du professeur, et le décida à prendre ses repas avec elle au moins pendant une quinzaine ; la marchande de modes avait deviné les tristes dîners de M. Delteil ; elle comprit les immenses privations que s'imposait le professeur ; mais elle eut la délicatesse de ne pas lui montrer qu'elle connaissait son secret.

« Vous mangez au restaurant, lui dit-elle ; mais dans le meilleur, la cuisine ne vaut rien pour un malade. Ce sont toujours des cuisines échauffantes ; vous avez besoin de la nourriture de famille quelque temps... deux mois. Certainement, cela n'est pas amusant, de la soupe, du bœuf, un plat de légumes ; mais quand vous en aurez assez, vous le direz, et je vous laisserai retourner à votre restaurant. »

M. Delteil admirait cette profusion, lui qui se nourrissait le plus souvent de pain et de chocolat ; il aurait voulu s'écrier :

« C'est une cuisine de prince que vous m'offrez ! »

Et il était retenu, non pas par amour-propre, mais par le sentiment qui le poussait à cacher sa triste vie. S'il avait dit : Je ne dépense que douze sous par jour pour ma nourriture, il comprenait d'avance la réponse : Pourquoi vous nourrissez-vous si mal? Alors, dans combien de détails ne fallait-il pas entrer ! Raconter sa vie, ses espérances, ses travaux, le comprendrait-on ? Ne passerait-il pas pour fou s'il disait qu'il ne dépensait exactement que son loyer et ses douze sous de nourriture, sacrifiant le reste de ses appointements à l'impression à un seul exemplaire de son fameux dictionnaire? Une femme pouvait-elle comprendre l'intérêt de cet immense travail quand, au début de sa vie, à l'âge de vingt ans, ses amis avaient blâmé ce beau projet? L'imprimeur lui-même n'avait-il pas ri du professeur qui lui proposait d'imprimer un seul exemplaire du dictionnaire ? C'étaient toutes sortes de détails matériels dont peu de gens peuvent avoir la clef. M. Delteil avait une abominable écriture ; ses manuscrits étaient biffés, rebiffés, raturés, grattés, chargés, et auraient fait fuir les plus érudits savants ; le grec semblait écrit par les pattes d'une puce en délire. Ayant conscience de son peu de talent calligraphique, M. Delteil, qui nourrissait l'idée d'élever un grand monument scientifique, ne crut mieux faire que de donner à nettoyer ses manuscrits à l'imprimerie. Au moins, il avait une copie à peu près nette de ses travaux ; mais les frais de composition sont énormes, l'impression d'un livre en langue étrangère est coûteuse ; et la copie imprimée d'un manuscrit coûtait presque autant qu'un livre tiré à un certain nombre. C'était là le tonneau des Danaïdes dans lequel M. Delteil jetait tous les mois la majeure partie de ses maigres appointements.

Aussi le vieux savant s'était-il résolu de ne jamais parler à personne de la tâche difficile qu'il s'était imposée ; et il vivait de la sorte depuis trente ans, mettant quelquefois une semaine à l'interprétation d'un mot. Sa maladie lui ouvrit un autre monde ; et Sophie Carillon fut la découverte de ce nouveau monde. En reprenant sa mémoire petit à petit, le professeur se souvint de la façon méprisante dont M. Tassin avait parlé des marchandes de modes. M. Delteil devint tout d'un coup observateur, et trouva sur la figure de Sophie des traces de l'empoisonnement du cœur, maladie dont sont atteintes les belles âmes des petites villes. C'étaient sans doute des nuances bien faibles, plus faciles à saisir dans l'ensemble que dans les détails de la physionomie. Un front plissé par moments, un regard perdu dans les lointains, un sourire délicat et triste, la tête penchée sans s'en apercevoir, telle était l'aînée des demoiselles Carillon, à qui les amertumes de la vie donnèrent une beauté particulière, possible seulement dans le milieu parisien. Car les habitants de Laon ne la trouvèrent jamais belle ; ils en parlaient dédaigneusement, et il était fréquent d'entendre un bourgeois, dont l'égoïsme avait enlaidi la face, se moquer de mademoiselle Carillon, qui portait toutes ses qualités morales sur sa figure.

Les observations de M. Delteil eurent lieu pendant sa convalescence; une fréquentation assidue, les soins de mère dont était prodigue la marchande de modes envers le savant, firent plus en quinze jours que sa vue depuis un an; car, plongé dans ses recherches étymologiques, M. Delteil passait auprès d'un individu sans se rendre compte s'il était masculin ou féminin; tout au plus voyait-il l'individu. Il connut également M. Triballet, dont la conduite l'inquiétait, étant partagé entre la reconnaissance qu'il lui devait pour l'avoir soigné et la mauvaise mine que le médecin ne cherchait pas à cacher en sa présence. M. Triballet reprit, vis-à-vis du convalescent, la malveillance qu'il avait cachée pendant sa maladie. Il semblait jaloux des mille complaisances que Sophie avait pour le professeur, et il lui dit même un jour :

« Je voudrais bien être malade à mon tour. »

La marchande de modes se moqua de son médecin, quoiqu'elle eût moins que jamais l'esprit tourné à la gaieté.

La rue du Chat communique par un bout aux remparts qui aboutissent au passage situé sous l'hôtel du Griffon. Voulant se rendre compte des promenades de sa sœur, et n'arrivant jamais à la rejoindre à cause de l'obscurité, et parce qu'elle ne pouvait la surveiller ouvertement, Sophie prit le parti, aussitôt que Caroline sortit, de se rendre dans la rue du Chat. Elle aperçut alors que ce qu'elle avait pris pour une ombre immense n'était autre qu'un jeune homme cachant une femme sous son manteau. Elle revint à la maison, plus peinée que le jour où elle trouva le terrible calembour sur ses volets; et elle passa huit mortelles nuits sans dormir, se demandant quelle conduite elle devait tenir. Elle était l'aînée, mais elle n'avait jamais eu d'empire sur sa sœur, qui était âgée seulement d'un an moins qu'elle ; un moment elle espéra que Caroline lui ferait des confidences, mais comme il n'en fut rien, Sophie Carillon lui dit un matin qu'elles étaient seules dans le magasin :

« Tu me caches quelque chose, ma sœur.

— Non, je t'assure...

— On t'a rencontrée hier soir sur les remparts.

— Moi? s'écria Caroline.

— Oui, enveloppée dans le manteau d'un jeune homme. »

Caroline baissa la tête.

« Et il y a près d'un mois que tu ne manques pas chaque soir de te rendre à ce rendez-vous.

— Il paraît, dit Caroline, qu'on espionne ma conduite.

— Non, ma sœur, le hasard seul m'a fait connaître ton secret; tu es libre de tes actions, tu peux faire ce qu'il te plaît, mais j'attendais plus de confiance de ta part. Tu aimes un jeune homme, tu te promènes avec lui, je n'y vois pas de mal; mais, comme tu te caches de moi et de ta sœur, je tremble pour toi.

— Ne peut-on se promener avec quelqu'un sans l'aimer?

— Oh! mon amie, dit l'aînée des sœurs, si je t'ai contrariée en te parlant ainsi, il vaut mieux que je me taise, car tes réponses ne sont pas franches.

— Eh bien! ouì, j'aime! s'écria Caroline; j'aime parce que je suis aimée.

— Alors, tu peux recevoir sans crainte ce jeune homme à la maison; je n'ai jamais songé à contrarier tes affections. Je t'ai souvent vue triste, et si tu t'étais ouverte à moi, peut-être aurais-je pu dissiper ton chagrin.

— Je ne peux pas recevoir ce jeune homme ici, dit Caroline; si je devais l'épouser immédiatement, cela serait naturel, mais...

— Ah! Caroline, tu es sur une pente bien dangereuse.

— Tu ne me laisses pas parler; les parents de monsieur... de ce jeune homme, reprit-elle, veulent lui voir une position assurée avant de consentir à son mariage.

— Il y a dix ans, dit Sophie, j'étais dans une maison de commerce à Reims; une de mes camarades s'éprit d'un jeune homme qui était le principal commis de la maison. Ils s'aimaient tous les deux, comme on s'aime quand on n'a rien et qu'on est jeune. L'amant devait reprendre le magasin, et se marier avec la demoiselle de boutique; tous deux faisaient des rêves dorés et entrevoyaient un avenir heureux. Mon amie devint enceinte; son amant reprit la boutique, et, pendant que sa maîtresse faisait ses couches, il se mariait.

— Parce qu'un homme trompe une femme, dit Caroline, cela ne prouve pas que tous les hommes sont de même.

— Cette histoire ne te frappe pas, dit Sophie; mais si je te disais que la jeune fille c'était moi... »

Elle s'arrêta, car elle fondait en larmes; Caroline était émue et saisit les mains de Sophie.

« Ah ! ma sœur !

— Comprends-tu, dit-elle, ma honte et mon chagrin ? avoir un fils, et ne pas oser le reconnaître... le cacher même à mes sœurs... Mon pauvre Charles-Marie sans père !

— Adolphe n'est pas ainsi, dit Caroline; si tu le connaissais, tu verrais quel beau caractère; il ne ressemble pas aux autres hommes.

— Celui que j'aimais ne ressemblait pas non plus aux autres hommes, dit Sophie; plus tard seulement je l'ai connu...

— Je veux que tu le voies, ma sœur, il est artiste, et si tu savais combien il souffre de la position qu'il a été forcé d'accepter à cause de ses parents...

— Que fait-il ?

— Il est à la poste, dit Caroline; mais il ne peut souffrir cette existence de bureau qui lui pèse... Cela se voit bien sur sa figure. Il est triste à mourir, et sans moi peut-être aurait-il fait un acte de désespoir.

— Eh bien, dit Sophie, je veux le voir; moi, qui ne suis pas sous le charme, je te dirai sincèrement l'impression qu'il me fera. Quand me l'amèneras-tu ?

— Je voulais te faire une surprise, dit Caroline; Adolphe doit chanter prochainement, dans un grand concert, à la salle de spectacle. J'avais décidé que nous irions ensemble, et je t'aurais fait parler sur lui... mais maintenant que tu sais tout, j'ai peur que la prévention ne s'en mêle... Cependant, j'aime mieux que tu l'entendes chanter avant de causer avec lui, car sa mélancolie habituelle ne te préviendrait peut-être pas en sa faveur, au lieu qu'en plein théâtre, quand tout le monde l'applaudira, tu verras si je me suis trompée dans mon choix.

— Je ferai comme tu voudras, dit Sophie; je veux que tu sois plus heureuse que moi, et c'est dans ce but que j'ai forcé ton secret.

— Tu es bonne, ma sœur; si tu savais combien je suis soulagée de t'avoir tout dit; au moins, je peux parler de lui maintenant. Je ne serai plus en dessous; je vivais en dedans, cherchant à me rappeler son image. Il est brun, avec de belles moustaches, et il a un air distingué, comme je ne l'ai vu à personne. Il s'habille si bien aussi! si tu l'avais rencontré dans les rues, tu l'aurais remarqué certainement. Figure-toi qu'il a abandonné le monde pour moi; il allait chez madame Marcillet la jeune, mais il la trouve si prétentieuse et si coquette qu'il n'y remet plus les pieds, depuis qu'il me connaît. Et il est bon en même temps; il a fallu un homme pareil pour que j'aie pu l'écouter; même il m'a suffi de le regarder, ma vie a été décidée. Quand je regarde les autres jeunes gens de la ville, qu'on cite comme les mieux élevés et les plus distingués, ils me semblent mesquins à côté de lui. S'il avait voulu faire un riche mariage à Soissons, il ne tenait qu'à lui; dernièrement une dame veuve, jeune encore, qui s'est prise de passion pour lui, quand il était dans cette ville, est venue loger à l'hôtel de la Hure, qui donne en face de la poste; toute la journée, elle la passait à la fenêtre, pour le voir dans son bureau. Eh bien, il laisse cette dame faire ses folies, parce qu'il m'aime et qu'il ne veut que moi.

— Comme tu l'aimes ! dit Sophie en soupirant.

— Oui, ma sœur, je l'aime, et il le mérite.

— Je le crois, dit Sophie ; mais ne parlons de rien à Berthe; tu as bien fait de ne pas l'introduire ici; que Berthe ne sache rien. Si elle peut échapper à ces terribles affections, elle n'en sera que plus heureuse.

— Oh ! maintenant, dit Caroline, je peux devenir malheureuse, je me consolerai avec mon bonheur passé.

—On le croit, dit Sophie, quand on n'a rien à craindre, mais les souvenirs sont d'autant plus cuisants que l'affection a été profonde. »

VIII

Grande symphonie imitative. — Malheurs de Larmuzeaux. — La bourgeoise antipoétique.

M. Tassin, qui ne rêvait que surprises pour les habitants de Laon, se leva un matin avec l'idée de mettre à exécution une grande promenade militaire, dont le but principal était de faire parader ses élèves. Ayant jeté les yeux sur une carte, il fixa la petite ville de Coucy-le-Château comme le terme de son expédition; il en informa les élèves par une proclamation, qui les avertissait de se tenir prêts le jeudi suivant, à six heures du matin, en grande tenue. Des fourgons seraient préparés pour contenir les vivres, pour reposer les plus jeunes des collégiens qui ne pourraient supporter les fatigues de l'expédition. Un avis fut inséré dans le journal par les soins de M. Bineau, qui annonçait qu'il rendrait compte de cette solennité. Le jeudi matin, à cinq heures, le principal du collége obtint de la mairie la permission de faire battre le rappel par ses tambours dans la ville. Cette mise en scène fit que la moitié des paisibles habitants de Laon furent sur pied, comme pour aller voir un curieux défilé de troupes. On ne rencontrait, dans les rues, que des bourgeois porteurs de gros paniers bourrés de cervelas, de saucissons, de pâtés, de jambons, de pigeons rôtis et de viandes froides, qui auraient pu nourrir une petite armée en campagne. Les mères des collégiens s'étaient levées pour assister leurs fils au départ ; il y eut des larmes échangées entre les parents, heureux et attristés à la fois. Fiers de voir leurs enfants marchant gaiement à une expédition de trois lieues, tristes de s'en séparer pendant toute une journée. Les collégiens, enfouis dans leurs grands chapeaux à cornes, affectaient des airs martiaux, et ne songeaient qu'au plaisir d'échapper à une classe, et à la joie de voir un nouveau pays. M. Tassin, pour mettre un terme à ces diverses émotions, fit un signe à M. Ducrocq, et la fanfare éclata joyeusement dans les rues de Laon, pendant que les collégiens marquaient fortement le pas sur les pavés, pour se donner le plaisir de réveiller les habitants encore endormis. On eût dit qu'un long voyage allait séparer les fils de leurs parents, qui, à regret, les quittaient, leur adressant des exhortations sans fin, jusqu'à ce que le détachement fût arrivé aux portes de la ville. De longs chariots suivaient lentement, et le bruit de leurs grosses roues pouvait faire croire au départ d'un train d'artillerie.

Divers villages furent réveillés à l'improviste; plus d'un paysan ouvrit ses fenêtres et montra une figure terrifiée, croyant à une nouvelle invasion des alliés. M. Tassin avait bien recommandé à M. Ducrocq, à l'entrée de chaque village, de ne pas manquer de faire jouer un certain pas redoublé, qui était accompagné par les tambours battant la charge ; cette marche, d'un rhythme redoutable, produisit partout son effet, à l'exception, cependant, du village d'Anizy, où l'expédition arriva à huit heures du matin. Les paysans étaient rassemblés sur la grande place et croyaient à une nouvelle révolution, lorsque, par la vieille porte du village, apparut le tambour-major Larmuzeaux, faisant aller sa canne dans une évolution voulue par le pas de charge.

« Bonté du ciel! s'écria une vieille paysanne, c'est le *fieu* de madame Larmuzeaux.

— Ma foi, oui, dit un autre.

— Est-ce possible?

— Eh ! Larmuzeaux!

— Cousin Larmuzeaux! »

Mais le tambour-major baissait la tête et souhaitait de disparaître dans son énorme bonnet à poil. Il était né dans le village d'Anizy, et la réflexion sur son accoutrement ne lui était venue qu'en passant la grande porte. Les paysans continuaient à discuter entre eux et à l'interpeller hautement pour s'en faire reconnaître, malgré que M. Tassin voulût rétablir l'ordre.

« Sacré cousin Larmuzeaux! s'écriait-on, est-il riche!

— Il ne veut pas nous reconnaître.

— Il faut aller prévenir la cousine. »

Le malheureux tambour-major songeait à jeter son bonnet à poil et ses grosses épaulettes et son haut plumet, lorsqu'une femme forte et solide courut se jeter à son cou.

« Comment, c'est toi, Thomas?

— Oui, maman, » dit Larmuzeaux.

Comme le tambour-major s'était arrêté forcément, les tambours l'imitèrent, et le bataillon, oubliant toute discipline, rompit les rangs.

« Eh! cadet, dit la paysanne, sais-tu que tu n'es pas beau, comme ça? Pourquoi donc que tu mets des panaches? est-ce pour faire peur aux *mogneaux* dans les champs? »

Larmuzeaux, qui avait obéi à un moment de fantaisie en commandant à son tailleur un équipement complet de tambour-major, n'avait pas jugé à propos d'en instruire sa mère.

« Tu ne me réponds pas! Dieu! que tu as l'air bête! »

Les paysans, blessés de n'avoir pas été reconnus par le *cousin*, poussèrent de formidables éclats de rire insultants.

« Madame! s'écria M. Tassin espérant la ramener aux convenances.

— Ah! c'est vous le maître, dit la paysanne; c'est de votre invention, ce costume-là... excusez! vous voulez donc que mon *fieu* arrache des dents à la foire?

— Je vous en prie, madame... disait le principal.

— J'en ai vu un pareil au dernier marché de Reims, sur la grand'place; c'était son pendant... Veux-tu bien vite m'ôter cet harnachement-là? tu ne vois donc pas que tout le monde se moque de toi? »

En effet, les paysans, les collégiens réunis en cercle, riaient du pauvre tambour-major, qui, ne pouvant supporter les reproches de sa mère et les rires de la foule, se mit à fondre en larmes.

« Je crois que je ferais mieux de te garder chez moi, ma parole, dit la paysanne. A-t-on jamais vu! mais c'est un masque. Allons, ôte-moi ce chapeau-là.

— Mettez votre bonnet de police, dit le principal à son tambour-major, qui tira de dessous son habit un bonnet à glands d'or servant de plastron.

— A la bonne heure, te voilà mieux. C'est égal, monsieur, puisque vous êtes le maître, dit-elle en s'adressant directement à M. Tassin, je ne comprends pas que vous vous amusiez à dépenser de l'or sur toutes les coutures de Thomas,

— Il l'a voulu, madame; je ne force personne.

— C'est de toi, ces idées-là? tu avais sans doute perdu la tête, mon garçon. Dieu! si ton père vivait encore, il ne voudrait pas te reconnaître. Enfin, monsieur, dit-elle à M. Tassin, vous ne me ferez pas croire que Thomas tout seul ait des idées pareilles; si vous ne lui aviez pas donné cet habit-là, il ne l'aurait pas mis.

— Ma brave dame, monsieur votre fils a commandé cet habillement à son tailleur.

— Comment! c'est toi, Thomas? Et tu payes aussi ces broderies d'or et d'argent? »

M. Tassin s'était retourné pour échapper aux regards furieux de la paysanne.

« Je t'en donnerai, moi, des broderies d'or; je me tue de travail à faire marcher la ferme, tout ça pour galonner monsieur dans le dos comme un domestique. Oh! monsieur le maître, dit-elle au principal, vous pouvez bien être sûr que je ne paye pas la note du tailleur ; je vous rends vos broderies tout de suite, donnez-les à un autre, faites-en des choux, des raves, ça ne me regarde pas, mais qu'on me torde le cou si je les paye !

— Madame, ce n'est pas le moment de discuter de pareilles matières.

— Monsieur le maître, je sais ce que je dis... vous êtes fou d'habiller mon garçon en singe de foire pour vous faire remarquer... Nous autres, gens de la campagne, nous voyons clair. Pourquoi Thomas n'est-il pas habillé comme les autres, quoiqu'ils aient l'air d'un tas de paillasses avec leurs chapeaux à cornes?.. C'était bon sous la République...

— Madame, quand vous avez mis votre fils sous ma direction, vous n'ignoriez pas que le règlement imposait un uniforme aux pensionnaires.

— Bon, je passe sur le chapeau à cornes ; où est-il, le sien ? Quand j'ai lu votre papier, y avait-il dessus qu'il aurait des plumets, des panaches ?

—Madame, monsieur votre fils l'a fait de son propre mouvement.

— Attends, Thomas, je vais te parler tout à l'heure... Pour commencer, il n'ira pas plus loin, je le garde.

— Madame, je ne peux que souscrire à vos désirs.

— Maintenant vous pouvez vous en aller, dit-elle au principal ; je vous rendrai Thomas ce soir, et si je n'avais point payé sa pension pour l'année, vous êtes bien certain que je le garderais à la ferme.

— Comme il vous plaira, madame.

— Laisse-moi tous ces *arias*, dit la fermière en débarrassant son fils de la canne à pomme d'argent et du bonnet à poil ; que le maître en fasse ce qu'il voudra.

En route, belle troupe! » dit-elle en tirant Larmuzeaux par la main du côté de la ferme.

— Allons, en rang, messieurs! » s'écria le principal d'un ton plein de colère qui ramena immédiatement la discipline; mais l'expédition se ressentit de cet échec. La traversée du village d'Anizy ne fut pas saluée par les fanfares de la musique de cuivre, le principal essayant de se venger en privant les paysans de musique. Quelques petits collégiens qui buissonnaient portèrent la peine de la privation du tambour-major et reçurent des soufflets du principal pour n'avoir pas obéi à la discipline. M. Tassin fut soucieux pendant une lieue; le plus bel ornement manquait désormais à la tête du collége, et l'entrée à Coucy allait s'en ressentir. S'il eût osé, le principal se serait coiffé, pour ce jour-là seulement, du grand bonnet à poil, et aurait décrit des arabesques martiales avec la grosse canne; mais il sentait que cela n'était pas convenable. Il avait peine à supporter l'humiliation que lui avait fait subir la fermière vis-à-vis des paysans, des collégiens et des professeurs; cependant il reprit son assurance en entrant dans la petite ville de Coucy, célèbre par ses ruines.

A une portée de la ville, on aperçoit une immense tour qui se détache isolée sur l'horizon, et qui n'a de remarquable que son volume et une fissure qui a commencé du haut de la tour et qui va en diminuant jusqu'au bas. Les ruines de Coucy sont plus riches de souvenirs historiques que de réalités : le temps n'a même pas donné son coup de pinceau sur la tour encore aussi blanche qu'une construction nouvelle, mais dans ces débris imposants l'historien peut retrouver la grandeur des châtelains orgueilleux, qui avaient pour devise :

> Je ne suis roi ne prince aussi,
> Je suis le seigneur de Coucy.

Dodin profita des ruines pour aller se cacher dans un coin comme un chat malade ; il était pâle et pouvait à peine se tenir, car, pour tromper la longueur de la route, il avait mangé tout ce que contenait son panier, et il se sentait pris d'une indigestion formidable. Les collégiens s'étaient dispersés de tous côtés, et ne songeaient guère aux sires de Coucy. Les uns poussaient des pierres déjà branlantes et agrandissaient les brèches faites par le temps ; les autres gravaient leurs noms avec un couteau sur le mur ; quelques-uns, sous la direction d'un maître d'études, étaient allés chercher des provisions dans la ville pour les pensionnaires.

Quand le tambour battit pour l'heure du repas, on eût pu croire à un camp dans une ville prise d'assaut. Le fait le plus important de cette expédition fut l'article écrit par M. Bineau, qui arriva à l'état d'archéologue flamboyant et extatique. Sa plume ne traçait plus des mots, mais des symboles ; il évoquait les ombres des sires de Coucy, dont il connaissait l'histoire par un petit imprimé qui se vend dans les foires, et qui contient la complainte de Gabrielle de Vergy mangeant le cœur de son amant. Le mélange de pensées bourgeoises, d'esprit de bureau et de frénésie archéologique produisit un article dont les avocats de province se rendent coupables au moins une fois dans leur vie.

L'article se terminait de la sorte : « Honneur à notre » principal ! honneur à M. Tassin, qui initie de jeunes » intelligences à la connaissance des hauts-barons de » la féodalité ! un tel enseignement combiné avec celui » des langues mortes sème dans des esprits malléables » des souvenirs précieux qui forment l'ornement de la » mémoire, qui développent le jugement, qui s'adres- » sent aux yeux, et qui font que, dans un âge mûr, » l'homme aime à se reposer sur de tels souvenirs » impérissables, disant plus certainement que des » livres, la force et la puissance de valeureux suze- » rains, hommes d'une autre époque, d'une autre » trempe, fiers par l'épée, sensibles par le cœur, et » dont on ne peut regarder les portraits à la biblio- » thèque de Laon sans se demander si notre race ne » s'est pas amoindrie et si ces peintures ne sont pas » fabuleuses. »

L'article avait quatre colonnes et quatre phrases ; ce style touffu obtint un grand succès dans le salon de madame Marcillet la jeune, fort occupée alors du prochain concert dont on parlait dans la ville. Un concert représentait pour madame Marcillet trois mois de diplomatie qui se passaient généralement ainsi : une députation du conseil municipal venait la prier de chanter un morceau au profit des pauvres ; elle se faisait beaucoup prier, ne savait aucun morceau, se disait brisée par l'émotion que lui donnait le public ; il n'y avait rien de nouveau à Paris, les opéras étaient détestables. Enfin elle acceptait, faisait venir cent fois le pianiste répéter chez elle, mais le jour du concert arrivé, elle se disait indisposée et ne chantait pas. C'est ainsi qu'elle était parvenue à avoir « la plus belle voix du département. » Mais en ce moment madame Marcillet la jeune était contrariée : on lui avait parlé d'un concert énorme, tel qu'on n'en avait jamais entendu à Laon. M. Ducrocq, le chef de musique du collége, était à la tête; déjà on se disait à l'oreille les merveilleux éléments du programme, et la femme de l'avocat était oubliée.

La vérité est que M. Ducrocq, après avoir pris des informations certaines sur le nombre des musiciens de la ville, sur leurs qualités, sur leurs habitudes, avait biffé irrévocablement les noms des amateurs incertains, ayant déjà suffisamment de besogne à faire marcher ensemble des musiciens maladroits sans y ajouter des musiciens prétentieux. Avaient été rayés : un serpent de l'église Saint-Martin, qui prétendait que son état l'empêchait de venir au théâtre; un conseiller de préfecture, violoniste, qui ne voulait pas s'asseoir au pupitre d'un maître de danse; un basson qui prétendait que sa poitrine demandait de grands ménagements, et qui ne faisait jamais une note; un cor qui, à l'aide de ses six tons de rechange, de sa boîte, faisait entrer sept personnes dans les endroits où il allait; une flûte qui ne jouait jamais dans les morceaux d'ensemble qu'à la condition d'exécuter deux airs variés. Enfin les menaces de M. Ducrocq, répandues dans la ville, firent plus d'effet qu'un ukase de l'empereur de Russie. Si les uns, bien informés, parlaient d'une symphonie énorme sortie du cerveau du chef de musique du collége, les autres citaient avec douleur les noms des amateurs exclus. On répondait à cela que M. Ducrocq disposait d'un nombre considérable de musiciens, qu'il employait comme choristes les élèves de l'école normale, les enfants de chœur, la musique de la garde nationale, les débris de la société philharmonique et la fanfare du collége.

Au milieu des mille bruits qui circulaient dans la ville sur un concert aussi important, M. Ducrocq travaillait nuit et jour à la grande œuvre due à l'imagination de M. Tassin; après l'article enthousiaste du chef de bureau de la préfecture, le principal dit à son chef d'orchestre :

« Monsieur Ducrocq, est-ce qu'on ne pourrait pas consacrer par quelque musique le souvenir de cette belle promenade?... Les ruines... un orage dans les ruines..., les sires de Coucy; il me semble que cela ferait bien?

— C'est une symphonie, monsieur le principal, que vous me demandez là; rien n'est plus difficile, et il me faudrait un poëte rompu à ce genre de travail.

— Un poëte, dit M. Tassin, j'ai votre affaire. Venez ce soir dîner avec moi, nous causerons plus longuement. »

Il y eut à la suite de ces ouvertures un repas dans lequel le chef de musique fit connaissance avec le chef de bureau. M. Bineau entra avec enthousiasme dans les idées du principal; grâce à M. Ducrocq, qui avait pu voir à Paris comment se bâtissaient ces sortes de livrets, le chef de bureau composa la symphonie. Il fut convenu que l'expédition militaire collégiale arrivait à Coucy pendant la fête du pays; les cabarets étaient pleins de paysans qui buvaient et riaient; sur la place du village un marchand de chansons récitait aux paysans d'alentour la complainte de Gabrielle de Vergy; des danses se formaient entre les garçons et les filles; les enfants couraient le pays en jouant du mirliton et de la crécelle; tout à coup les paysans se disputaient au cabaret, ils se jetaient les bouteilles à la tête. Un orage éclatait dans la campagne et mettait en fuite les garçons et les filles. Tel fut le beau plan imaginé par M. Tassin, M. Bineau et M. Ducrocq, de six à onze heures du soir. Après des discours sans fin, chacun d'eux se coucha la tête en feu, rêvant l'un à sa musique, l'autre à ses vers, et le troisième à l'éclat qu'allait répandre sur le collége une pièce de musique si importante.

A partir de ce moment, M. Bineau devint sujet à des distractions d'auteur et les affaires de son bureau s'en ressentirent. Les matières à débattre dans les préfectures ne poussent guère à la poésie; mais le chef de bureau laissa les affaires officielles à son sous-chef, afin de terminer à temps le grand poëme, fruit de ses insomnies. Madame Bineau trouva son mari changé et le lui dit; elle apportait une maigre confiance dans ce beau projet, et elle se plaignit vivement de la manière emportée dont M. Bineau entrait et sortait, de ses soubresauts dans le lit, de ses monologues perpétuels, de ses déclamations rhythmées et de ses petits airs anodins qu'il adaptait pour plus de facilité aux vers qu'il composait. Homme rangé et prudent jusque-là, M. Bineau oubliait maintenant de brosser son chapeau avant de sortir, et il laissa plusieurs fois chez lui le parapluie qu'il n'avait jamais quitté. Il se disait perpétuellement fatigué en se frappant le front, pour montrer quelle tension d'esprit demandait une telle composition. Les personnes qu'il visitait ordinairement et qui reçurent la confidence de son travail et de ses peines, crurent devoir avertir madame Bineau de veiller à ce que son mari s'écoutât un peu plus ; autrement il se tuerait. Pour M. Ducrocq, chargé d'un travail considérable, il ne paraissait pas changé dans ses allures, et il recevait froidement les petits billets que lui faisait passer M. Bineau à toute heure du jour ; le chef de bureau ne pouvait faire deux vers sans les envoyer au musicien, et lui écrivait :

« Comment trouvez-vous ces vers ?

— Bien, » répondait verbalement le chef d'orchestre, qui n'avait pas la manie de la correspondance.

Quelquefois, vers les six heures du matin, M. Bineau, les yeux ouverts depuis longtemps, étudiait le sommeil de sa femme, attendant avec impatience qu'elle se réveillât pour lui soumettre ses idées poétiques de la nuit.

« Tu m'ennuies, monsieur Bineau ! s'écriait la bourgeoise impatientée de la manie de versification qui s'était emparée de son époux.

— Voilà bien les femmes ! disait le chef de bureau ; je vais m'en aller chez M. Ducrocq.

— A cette heure, monsieur Bineau ?

— Certainement ; il attend après mes vers, et je lui en livre tous les jours cinq ou six ; mais quelle peine ! pourquoi me suis-je chargé de cette besogne ?

— Oh ! vous avez bien raison, monsieur Bineau ; est-ce que cela vous regarde ?

— On voit bien que tu ne sais pas ce que c'est, et le

triomphe qui est au bout ! M. Tassin me le disait encore ces jours derniers; jamais on n'aura vu une telle œuvre dans les départements... Est-ce que tu ne seras pas heureuse de me voir l'année prochaine cité avec honneur dans l'Annuaire? Louis est-il parti?

— Il n'est pas encoré levé, dit madame Bineau.

— Il va trop tard au collége; j'ai à lui parler, je veux savoir si la musique répète déjà ma symphonie.

— Va l'éveiller si tu veux, monsieur Bineau. »

Le chef de bureau monta l'escalier en caleçon, en gilet et en bonnet de coton, et entra dans la chambre de son fils, qui ronflait avec délices.

« Louis ! cria le chef de bureau, paresseux, lève-toi ! » Le petit Bineau ouvrit des yeux suppliants et les referma presque aussitôt.

« Répète-t-on la musique ?

— Quelle musique ? dit le petit Bineau en se pelotonnant et en tournant le dos à son père.

— Comment ! quelle musique ! polisson, je te parle du concert. »

Le petit Bineau répondit par un ronflement. Le chef de bureau indigné secoua son fils dans son lit, et releva les couvertures, afin que le froid du matin saisît plus vite les sens assoupis du dormeur.

« Je me lève, papa, dit le petit Bineau en étendant un bras.

— Eh bien, ne manque pas de venir me parler avant de partir. »

Là-dessus, M. Bineau, après avoir vu son fils sortir du lit, lui recommanda de ne pas être long à sa toilette; mais aussitôt le chef de bureau fût-il éloigné, que le petit

Bineau se replongea avec délices dans son lit et ne tarda pas à ronfler plus fort que jamais. Au bout d'un quart d'heure, on entendit la voix du père qui criait : « Louis ! » Le dormeur répondit :

« Oui, papa, tout de suite. »

Et il se rendormit ; vingt minutes après :

« Je ne t'entends pas remuer, Louis, » dit le chef de bureau.

Le petit Bineau allongea un bras hors du lit, prit ses souliers et les fit marcher avec acharnement sur le plancher ; puis, après cette fausse marche, il ferma ses yeux plus lourds que jamais.

« C'est singulier, dit le chef de bureau à madame Bineau, j'ai entendu Louis marcher et il ne bouge plus maintenant. Est-ce qu'il serait parti ? Qu'en penses-tu ? »

Madame Bineau était endormie et ne répondit pas.

« Ma femme ! s'écria le chef de bureau, tu dors ?

— Oui, dit-elle.

— Réponds-moi au moins ; je n'entends plus Louis.

— Monte à sa chambre. »

Le chef de bureau fut terrifié en apercevant la ruse de son fils, qui dormait d'un profond sommeil, en tenant d'une main les souliers qui avaient servi à faire croire qu'il marchait.

« C'est ainsi que tu vas au collége ! s'écria le père... Attends, je m'en vais jeter une carafe d'eau dans ton lit. »

Louis, pris en flagrant délit, sauta d'un bond hors de son lit, et se plaignit d'un mal de tête subit.

« Je t'en donnerai des maux de tête, dit M. Bineau...

maintenant je ne te quitte plus que tu ne sois habillé. »

Tout en grommelant, le petit Bineau déclara qu'on ne répétait pas encore la symphonie.

« Comment ! s'écria le chef de bureau, on ne répète pas ! mais je vais aller chez M. Ducrocq ; il me presse, il me dit que je le mets en retard, et c'est lui qui ne va pas. »

Toute la journée M. Bineau ne fit que maugréer contre le musicien ; il envoya deux fois son garçon de burau, qui revint troublé, n'osant répéter à son supérieur, les jurements avec lesquels M. Ducrocq l'avait reçu : le garçon de bureau, qui avait dit ne pouvoir rencontrer le chef d'orchestre, faillit se trouver mal quand M. Bineau déclara qu'il irait lui-même et qu'il aurait bien une réponse. A la sortie de son bureau, il se dirigeait vers le collége, quand il rencontra M. Ducrocq marchant majestueusement par les rues, avec une boîte à violon à la main et un paquet énorme de musique sous le bras.

« Mais, monsieur Bineau, vous êtes trop pressé... vous me faites perdre la tête avec votre poëme. Est-il fini ?

— Oh ! je n'ai pas pu travailler d'aujourd'hui.

— Alors, monsieur Bineau, nous n'arriverons jamais..

— Comment, monsieur Ducrocq, je vous ai livré plus de cinquante vers déjà !

— Qu'est-ce que cinquante vers ? Il me faut le tout ; il faut que j'étudie le poëme d'un coup, sans quoi je ne ferai rien de bon.

— Ah ! monsieur Ducrocq, les vers ne se font pas à la douzaine, croyez-le bien.

— Et la musique? dit le chef d'orchestre. J'ai composé cette nuit le chœur des buveurs et des paysans, je m'en vais de ce pas le faire déchiffer aux élèves de l'école normale.

— Alors, je ne vous quitte pas, monsieur Ducrocq ; je vais donc entendre mes vers... ça doit faire très-bien.

— Si j'avais eu l'orage avec la fuite des garçons et des filles, j'aurais terminé, dit le musicien.

— Cela va me donner du courage, dit M. Bineau ; je vous demande deux jours, est-ce trop pour un orage?

— C'est convenu, monsieur Bineau, je compte sur l'orage pour après-demain. »

Le poëte et le musicien se rendirent à l'école normale, où les attendait le serpent de la cathédrale qui initiait les futurs maîtres d'école à l'art du plain-chant. Le nombre des élèves qui savaient quelques notes de musique était très-restreint. Aussi la séance fut-elle longue et ennuyeuse pour M. Bineau, qui attendait avec impatience l'audition de ses vers. Pendant que M. Ducrocq faisait solfier sans paroles chaque partie séparée du chœur, le directeur de l'école normale entra, salua M. Bineau et le prit à part.

« J'ai appris, monsieur, dit-il, que vous étiez l'auteur des paroles que mes élèves doivent chanter, et je vous en fais mes sincères compliments ; mais, monsieur, je n'oserai assumer sur ma tête l'autorisation de permettre à mes élèves de jouer le rôle de buveurs ; cela n'est pas convenable dans l'enseignement : nos jeunes gens sont élevés comme dans un cloître, ils ne sortent pas de l'année; ils ont plus tard une mission difficile à remplir, celle de porter le flambeau de la civilisation dans nos campagnes. Et je vous en fais juge, monsieur, est-il prudent de les supposer au cabaret, jouant aux cartes, buvant, se disputant et cassant la vaisselle? »

M. Bineau était atterré; il dit que le sujet avait été approuvé par le principal du collége.

« Je le crois sans peine, monsieur, dit le directeur de l'école normale; mais l'enseignement du collége est le contraire de l'enseignement d'une école normale. Ce qui n'est rien là-bas prend des proportions énormes chez nous; du reste, je ne suis pour rien dans cette affaire, car j'ai envoyé vos paroles à la commission d'examen de l'école, qui en décidera; et j'ai cru devoir vous en avertir, monsieur. »

M. Bineau commença à entrevoir les difficultés du métier; et le restant de sa soirée fut employé à courir chez les divers membres de la commission d'examen, afin d'empêcher qu'une censure ne vînt couper les ailes de sa poésie. Il rentra chez lui à huit heures du soir, et trouva sa femme dans un grand état d'irritation, car jamais il n'avait manqué à l'heure du dîner, et les plats étaient sur le fourneau, cuits depuis trois heures. Si l'idée d'une gloire prochaine n'eût soutenu le courage de M. Bineau, il aurait renoncé à écrire le poëme de la grande symphonie. Et quand il se souvint qu'il avait promis pour le surlendemain le chœur de l'orage, il devint soucieux, car il lui fallait passer au moins deux nuits pleines d'un travail acharné. Madame Bineau en se couchant vit son mari la tête plongée dans les mains et frappant le plancher de son pied, comme s'il avait dû en sortir des vers.

« Tu ne te couches pas encore? lui dit-elle.

— Je ne me coucherai pas du tout.

— Alors, monsieur Bineau, vous voulez vous rendre malade, n'est-ce pas? N'avez-vous pas assez de vos travaux de la préfecture sans passer vos nuits à rimailler? Qu'est-ce que cela vous rapportera, je vous le demande?

— Laissez-moi tranquille, madame! s'écria M. Bineau, irrité, vous me faites perdre le fil de mes idées. »

Madame Bineau alla se coucher, et elle dormait d'un profond sommeil, lorsqu'elle fut réveillée par un bruit singulier. Tout effrayée, elle ouvrit les yeux, et reconnut son mari qui imitait la tempête avec sa bouche.

« Qu'est-ce qui te prend? » s'écria-t-elle; mais le chef de bureau n'entendait pas, et continuait à faire le tonnerre; puis il répétait :

« Fuyons, fuyons, fuyons! » en accompagnant ces paroles d'un sifflement sinistre; et se levant de la table, les cheveux en désordre, la mine égarée, il courut par la chambre en s'écriant : « Fuyons! » qu'il avait déjà répété plusieurs fois, lorsqu'il se sentit saisir par un fantôme blanc. Il poussa un cri de terreur.

« Mais tu ne me reconnais donc pas, monsieur Binau? » dit la femme, qui s'était jetée en bas du lit pour arrêter son mari qu'elle supposait livré à des accès de folie.

« Eh! madame, que faites-vous là? s'écria le chef de bureau.

— Ah ! dit madame Bineau, c'est tous ces griffonnages qui te mettent la tête en feu ! je ne veux plus en entendre parler. »

Et elle mit le feu aux feuilles de papier écrites, étalées sur le bureau.

« Qu'avez-vous fait là, madame ? s'écria M. Bineau consterné.

— Tu vas venir te coucher tout de suite, monsieur Bineau, je ne veux plus que tu recommences tes grimaces, entends-tu ? Tu m'as fait trembler ; ce n'est pas un homme que j'ai vu en me réveillant, c'est un monstre qui aboyait. Tu appelles cela de la poésie, monsieur Bineau ; tâche que je t'y reprenne encore la nuit... Mon Dieu ! il a encore la figure renversée de s'être mis dans un tel état. »

Comme elle tenait son mari par la main, celui-ci fut obligé de se coucher.

« Dis-moi un peu ce qui te passait par la tête, monsieur Bineau, de siffler comme un chien en colère, et de faire des boumm, des proutt, à renverser une maison ?

— Madame, vous ne pouvez rien comprendre à cela.

— Je crois bien que je ne peux pas comprendre, et je m'en flatte ; à Charenton, les gens n'en font pas d'autres, et on les enferme pour moins.

— C'est l'inspiration.

— Ah ! monsieur l'inspiré ! tu as donc besoin d'inspirations maintenant ? je ne veux plus d'inspirations chez moi, je te préviens ; tu garderas tes inspirations pour le dehors. Crois-tu que si M. le préfet te voyait dans tes inspirations, il ne te renverrait pas ? Tu es beau, va, avec tes inspirations! Monsieur Bineau a des inspirations maintenant; il joue la tragédie les nuits, bien heureux si les voisins ne l'ont pas entendu... demandez-lui pourquoi, il ne saura que répondre. Tu es honteux maintenant, tu ne souffles plus mot... Ah! si j'avais pu deviner ton affreux caractère, je t'assure que je me serais donné de garde de t'épouser. Un homme à inspirations! si ça ne fait pas rire! Parle au moins, dis quelque chose pour ta défense; avoue que tu n'avais pas ton sang-froid, dis que tu ne le feras plus. Ce n'est rien encore que tes inspirations te prennent à la maison; mais, malheureux, si une pareille chose t'arrivait le jour, en plein midi, dans la rue, que veux-tu qu'on pense de toi?... Que je suis donc malheureuse!... tu me feras mourir de chagrin. »

Les larmes de l'épouse irritée produisirent plus d'effet que sa grande colère. M. Bineau, qui faisait semblant de dormir pour ne pas répondre aux questions et aux interrogations de sa femme, se réveilla tout à coup pour mettre un terme aux larmes de madame Bineau; et cette scène conjugale, l'agitation produite par le travail de nuit, firent que les deux époux se souvinrent de leurs premiers jours de noces, et s'endormirent dans une parfaite félicité; le lendemain une heureuse nouvelle vint faire oublier au chef de bureau les tracas domestiques que lui causait sa poésie. La commission d'examen avait décidé que les élèves de l'école normale pouvaient chanter le chœur de buveurs sans que leur éducation fût compromise. M. Bineau ne manqua pas la répétition, dans laquelle on devait ajuster pour la première fois les paroles à la mélodie; mais il fut tout à fait désenchanté, car les chanteurs, accompagnés par six élèves serpents de l'école normale, ne laissaient entendre aucune trace de paroles. Les fils des paysans, solides, jeunes, et doués de fortes voix, n'avaient pas manqué d'obéir à la recommandation de M. Ducrocq, c'est-à-dire de crier, de hurler comme des ivrognes.

« Mais on n'entendra pas une parole! s'écria le chef de bureau.

— Elles ne sont pas bien nécessaires dans cet endroit, dit M. Ducrocq.

— Je tiens beaucoup à ce qu'on entende les vers qui me donnent tant de mal.

— Monsieur Bineau, il est convenu qu'on imprimera le livret et qu'on le vendra dans la salle, afin que chacun soit bien au courant de la situation.

— C'est égal, dit M. Bineau, ils pourraient prononcer plus distinctement.

— Ce sont des sauvages, dit le chef d'orchestre; pour moi, je ne demanderais pas mieux, mais ils ont la tête plus dure que des bûches; tâchez de leur faire entendre raison. »

M. Bineau ne reprit sa tranquillité que lorsque M. Ducrocq l'eut assuré que les enfants de chœur prononceraient plus distinctement.

Les répétitions partielles se succédaient avec rapidité; le chef d'orchestre commençait à croire qu'il eût mieux valu pour lui commander une armée. Partout il rencontrait de mauvais vouloirs : le musicien payé par la ville pour diriger la classe gratuite de chant et la musique de la garde nationale, allait dans la ville, semant des doutes sur la réussite de la symphonie. Madame Marcillet la jeune, dont l'opinion avait poids, parlait du concert avec grand mépris ; elle refusait de placer des billets comme d'habitude, disant que le scandale musical qui allait avoir lieu prochainement retomberait sur sa tête. M. Ducrocq, conseillé par M. Tassin, qui ne voulait pas que cette solennité lui attirât des ennemis puissants, courba la tête et fut obligé de prier la bourgeoise de chanter un morceau à son concert. Madame Marcillet la jeune se plaignit d'être prévenue bien tard, fit mille façons, enfin consentit avec une joie mal déguisée à prêter son concours. Le plus difficile n'était pas d'avoir vaincu les amours-propres des provinciaux ; chaque répétition isolée démontrait à M. Ducrocq combien il avait entrepris une tâche presque impossible, car il n'y avait peut-être pas cinq véritables musiciens dans le groupe nombreux d'exécutants devant concourir à la symphonie.

M. Ducrocq commença par se faire un allié de son rival le professeur de musique de la ville en lui donnant à conduire la première partie du concert. Il lui laissa même la composition du programme de cette première partie, pensant bien que les vieilleries musicales dont ne sortaient jamais les amateurs serviraient à rehausser sa composition. Enfin, après un mois de travaux inouïs, M. Ducrocq avait mis sur pied la symphonie, qui ne comptait pas moins de quatre-vingts exécutants. C'était une marche de tambours, suivie d'une fanfare de cuivre qui annonçait l'entrée du collége dans la ville de Coucy. M. Jannois, avec sa voix de baryton, jouait le rôle d'un vieil aveugle chantant la complainte des sires de Coucy. Des buveurs, représentés par des élèves de l'école normale, criaient, se battaient et cassaient les vitres d'un cabaret. La garde arrivait, tambour en tête, et ramenait l'ordre. Puis une immense musique jouait des valses et des quadrilles, à la grande joie des garçons et des filles, lorsqu'un orage éclatait tout à coup dans la campagne; la grêle ravageait les moissons, des arbres étaient déracinés par le vent, le tonnerre roulait sourdement d'abord, devenait plus menaçant et tombait, laissant entendre encore les chansons des buveurs.

Il y eut de grandes conférences entre M. Ducrocq et le machiniste pour arriver à placer convenablement les trois orchestres isolés qui devaient concourir à l'harmonie de la symphonie; et il fut décidé que la salle de spectacle serait organisée en salle de concert, en faisant relever le parterre à la hauteur de la scène. Le jour de la représentation arriva enfin, au grand plaisir de M. Bineau, que cette soirée allait sacrer poëte. Depuis un mois il avait rempli le journal d'annonces de ce grand concert, et le bruit répandu à Soissons, à Saint-Quentin et dans les diverses petites villes des environs, avait amené une foule considérable. Le petit Bineau, chéri de M. Ducrocq, jouait un rôle considérable dans l'entreprise : il dirigeait la fanfare du collége et avait sous ses ordres tous ses camarades de classe, munis de petites trompettes de fer-blanc, de mirlitons et de crécelles pour rendre exactement le tableau d'une fête de village. Larmuzeaux, plus rangé et plus sage que les autres collégiens, avait été présenté par Bineau comme pouvant diriger avec prudence la grêle, le tonnerre, les éclairs, toute la partie matérielle de l'orage. Sous ses ordres, Lagache et Canivet devaient à un certain moment lancer, du haut des combles du théâtre, une grande quantité de verres et de bouteilles cassés, en imitation de la querelle des ivrognes. Un orchestre spécial avait été monté pour les élèves de l'école normale, représentant les buveurs au cabaret. La fanfare dirigée par Bineau était placée dans le couloir des secondes galeries, afin qu'elle rendît mieux l'effet d'un détachement arrivant au loin; aussitôt la fanfare jouée, Bineau et les musiciens du collége devaient enfiler un escalier de dégagement qui conduit au comble du théâtre, et revenir par les coulisses prendre place au milieu du formidable orchestre d'instrumentistes et de choristes que dirigeait M. Ducrocq, sur une estrade élevée.

Les loges se garnirent peu à peu; les curieux remarquèrent avec étonnement les demoiselles Carillon, qu'on ne rencontrait jamais ni dans les spectacles ni dans les bals; toutes les trois étaient habillées en blanc avec des fleurs naturelles dans les cheveux, et elles excitèrent une certaine rumeur à leur entrée dans la loge. En face d'elles, madame Marcillet la jeune offrait le modèle d'une toilette scandaleusement bourgeoise, elle avait la tête coiffée d'une façon de turban à plume, qui rappelait l'image si connue de Corinne au cap Myzène. Chacun se penchait pour mieux voir la distribution des trois orchestres, et l'on était dans l'attente du grand événement. La première moitié du concert fut écoutée sans attention; les débris de la société philharmonique n'inspiraient aucune curiosité, car le public avait entendu peut-être quarante fois l'ouverture qu'ils exécutaient. L'attention était tendue vers madame Marcillet, qui allait chanter la fameuse romance : *Je veux t'aimer, mais sans amour*. Elle s'était placée dans une loge afin de fixer la curiosité en fendant la foule pour se rendre au piano; effectivement, elle produisit un effet marqué, car elle dérangea la majeure partie du public. Après diverses mines combinées avec le pianiste, elle commença; elle était arrivée au vers : *Je veux t'aimer sans te le dire*, lorsqu'on entendit un craquement intérieur qui l'arrêta soudainement.

Il y eut un moment de panique dans le public, qui se demanda si le plancher n'était pas trop chargé; le machiniste, qui était dans la coulisse, déclara que le craquement se faisait toujours entendre quand le plancher était monté, qu'on y avait encore dansé au dernier bal masqué, et qu'il répondait de sa solidité. Madame Marcillet la jeune avait feint de se trouver mal; les dames s'empressaient autour d'elle, lui faisaient respirer des odeurs; l'interruption dura plus d'une demi-heure, au milieu du plus grand trouble. A force de compliments et de flatteries, madame Marcillet consentit à recommencer sa romance; mais aussitôt eut-elle chanté : *Je veux t'aimer sans te l'écrire*, que le même craquement, plus sinistre encore, se renouvela, accompagné de cris de détresse.

Le pupitre des seconds violons venait de disparaître comme par enchantement avec les deux musiciens. L'alto, qui dormait, se réveilla plus effrayé que s'il eût été blessé; les voisins des deux violons se penchèrent vers l'abîme qui les avait engloutis. Les dames poussaient des cris de désespoir et cherchaient à fuir; M. Ducrocq, dans le foyer derrière le théâtre, vit apparaître, par l'escalier du dessous, les deux violons, plus pâles que la mort, qui, en revoyant la clarté des quinquets, se laissèrent tomber; le machiniste courait suivi des pompiers et s'écriait :

« Ils vont s'écraser dans la salle! »

Les musiciens fuyaient dans les coulisses et ne posaient le pied qu'avec terreur sur un plancher incertain. Heureusement, le commissaire apparut sur le théâtre avec son écharpe :

« Mesdames et messieurs, dit-il, le danger est réparé; personne n'est blessé; une trappe s'est détachée tout d'un coup. M. l'architecte du département et M. l'architecte de la ville sont descendus sous le théâtre, pour découvrir la cause du mal, et déclarent qu'un pareil accident ne se renouvellera plus. Du reste, des madriers vont être posés en contre-forts sous le plancher, et dans une demi-heure le concert pourra recommencer. »

La première partie du concert était à peu près terminée lors de cet accident. Le chef d'orchestre de la ville déclara qu'il s'en tenait là et qu'il abandonnait le reste de son programme; on le voyait rôder dans les coulisses avec quelques membres de la société philharmonique, leur parlant à voix basse :

« Tout cela était calculé, disait-il, c'était pour nous faire manquer; je donnerais ma tête à couper que ce Ducrocq était pour quelque chose dans l'affaire. Pourquoi le mal est-il arrivé à nos seconds violons? Moi, je m'en vais, je ne veux plus assister à un second malheur.»

Cet homme jaloux employa de si vils moyens contre son rival qu'il parvint à détacher de l'orchestre la seule clarinette, le timbalier qui avait à jouer un rôle considérable dans la symphonie, et les deux seconds violons meurtris. Au moment de placer tout son monde, M. Ducrocq s'aperçut avec surprise de la disparition de ces musiciens ; mais comme il n'était pas homme à perdre la tête, il se fit apporter les timbales sur son estrade, plaça la clarinette sur son pupitre, et commanda à ses tambours de battre la marche qui annonce l'arrivée du collége dans les murs de Coucy.

Il était convenu que Bineau, placé dans le couloir des secondes galeries avec sa fanfare militaire, ferait un signe d'intelligence au chef d'orchestre pour lui montrer qu'il était prêt, et qu'il commencerait sa marche militaire peu après que les tambours auraient battu. M. Ducrocq levait les yeux vers les secondes galeries et n'apercevait pas Bineau. Tout aguerri qu'il était, le chef d'orchestre se troubla, car pour un début de symphonie, l'affaire était de mauvaise augure. Le public ne comprenait pas l'intérêt de cette longue marche de tambours qui battaient depuis cinq minutes et n'offraient à l'oreille qu'une mélodie trop uniforme. M. Ducrocq se faisait grand et cherchait à apercevoir Bineau qui n'apparaissait pas ; la sueur coulait du front du chef d'orchestre, qui entendait les murmures des auditeurs exaspérés par une marche perpétuelle de tambours.

Enfin, après un quart d'heure, on vit apparaître le chapeau à cornes du petit Bineau, qui, avec une peine extrême, cherchait à trouer la masse compacte de spectateurs de la seconde galerie. La fanfare commença en l'air et détruisit par son effet singulier un peu de la mauvaise impression du début. Aussitôt après, M. Jannois s'avança sur le bord de la scène, et salua les spectateurs; il chanta le premier couplet de la complainte du vieil aveugle. Caroline poussait sa sœur du coude; et, tout en chantant, M. Jannois envoyait un doux regard vers la loge des demoiselles Carillon.

« Il me reconnaît, dit le docteur Triballet, qui était dans la loge des marchandes de modes; j'ai rencontré ce jeune homme chez madame Marcillet la jeune. »

Caroline ne perdait pas une note de la complainte, elle était sous le charme; il lui semblait qu'elle entendait un ange; aussi tressaillit-elle au premier bruit saccadé qui venait du fond du théâtre et qui ressemblait à des pois secs lancés contre des carreaux. M. Ducrocq avait levé la tête avec impatience vers les frises du théâtre; le bruit cessa. Toute la salle applaudit M. Jannois, qui chantait d'une voix mélancolique les tristesses du sire de Coucy. Le même bruit de pois secs se fit entendre de nouveau plus fort, plus saccadé par intervalles, et enfin prit de telles proportions qu'il couvrait la voix du chanteur. Le chef d'orchestre agitait sa clarinette en l'air et grinçait des dents; il avait été obligé de faire la partie du musicien absent, qui consistait à accompagner l'aveugle, et la colère du singulier tapage provenant des combles faisait que M. Ducrocq mordait l'anche de la clarinette.

« C'est grêle, s'écria le machiniste, qu'on fait aller là-haut. »

Et il s'enfuit derrière la toile du fond, espérant arrêter le scandale. On entendit des gémissements violents se mêler à la grêle; le public dressait l'oreille, cherchant à comprendre quel sens avait cette symphonie imitative. Le petit Bineau, en prenant le couloir de dégagement avec ses musiciens pour se rendre à l'orchestre, avait trouvé Larmuzeaux assis tranquillement auprès d'une grande boîte carrée suspendue, qu'il suffisait de faire aller de haut en bas pour mettre en mouvement de petites pierres qui, en frappant contre le bois, imitaient à peu près le bruit de la grêle. Mais Lagache et Canivet s'étaient pris de dispute avec Larmuzeaux et le colletaient contre la boîte à grêle, qui, obéissant au moindre mouvement de va-et-vient, remplissait son but. Larmuzeaux, ne pouvant pas lutter contre deux ennemis, jugea à propos de prendre la fuite dans un petit couloir étroit et noir qu'il entrevoyait, mais ce couloir n'était qu'une planche étroite servant de passage entre deux décors, et poursuivi de près par Canivet, qui ne comprenait pas le danger de cette sortie, Larmuzeaux s'accrocha à la planche en poussant des cris de désespoir, car il sentit ses jambes flotter dans le vide. Le public du concert fut saisi d'une émotion violente en voyant apparaître au-dessus de la tête des musiciens deux jambes qui n'étaient pas détaillées sur le programme; heureusement le machiniste accourut et essaya de sauver Larmuzeaux en le prenant par les cheveux, ce qui, loin d'arrêter les cris du malheureux, ne faisait que les redoubler. La symphonie ne pouvait lutter avec ce drame plein d'angoisses; de la salle on entendait les cris du machiniste : « Tenez-vous bien, n'ayez pas peur. »

Mais l'infortuné Larmuzeaux poussait des cris à fendre l'âme. Du bas de la salle chacun donnait des conseils; enfin un des élèves de l'école normale, qui conduisait le chœur des ivrognes sur une estrade plus élevée, parvint à s'emparer d'une des jambes de Larmuzeaux et l'attira sain et sauf à la vue des spectateurs effrayés. Il était blême et s'évanouit en lieu de sûreté. La majeure partie des curieux croyait que cette ascension était prévue dans le programme, et cherchait à comprendre quel rôle le malheureux Larmuzeaux avait failli convertir en accident. M. Bineau dans un coin se mangeait les lèvres, péniblement affecté de voir couper sa poésie par d'aussi tristes événements. Il finit par découvrir M. Tassin qui courait dans la salle, disant que ce n'était rien, que la symphonie allait continuer; le principal du collége et le chef de bureau se rencontrèrent auprès de M. Ducrocq qui jurait comme une école de tambours.

« Ce sont deux polissons, dit le chef d'orchestre, que j'avais mis à la grêle et au tonnerre, qui ont fait tout le mal.

— Aussi pourquoi les charger d'une fonction aussi importante? s'écria M. Bineau.

— Eh! monsieur, je ne peux pas tout faire; vous auriez dû le premier vous offrir...

— Je ne demande pas mieux, dit M. Bineau.

— Oui, dit le principal, nous allons nous en occuper.

— Vous savez, monsieur Bineau, que la grêle et le tonnerre commencent au troisième couplet des buveurs.

— Bon, bon, je sais, » dit le chef de bureau.

Là-dessus, le calme étant à peu près rétabli, M. Ducrocq fit signe à ses collégiens de souffler dans les instruments d'enfants; mais le public était désormais plein de défiance; les mirlitons, les trompettes de fer-blanc et les crécelles furent reçus avec des *chut* méprisants. Des valses enivrantes devaient se dessiner et ne laisser entendre que par intervalles ces mélodies de village; mais l'orchestre était découragé. Les propos de jeunes filles dansant avec leurs amoureux n'eurent aucun succès; et les puissantes voix des élèves de l'école normale achevèrent la symphonie, qui ne fut guère écoutée à la fin, car chacun se levait et se retirait en fermant avec fracas la porte des loges, pour échapper à une pareille musique. Il ne resta dans la salle qu'une cinquantaine de collégiens, qui profitèrent du désordre pour se répandre sur le théâtre, dans les coulisses, dans les combles, heureux de se perdre dans des petits escaliers noirs et de connaître les mystères de derrière le rideau. Le principal, M. Tassin, fut obligé de rester dans le théâtre deux heures après le concert, tant il était difficile de retrouver les collégiens, qui ne s'étaient jamais trouvés à semblable fête.

« Comment trouves-tu M. Jannois? dit Caroline à sa sœur, qui ne disait pas un mot depuis son entrée au théâtre.

— Il est bien, dit Sophie d'une voix qui démentait ses paroles.

— Comme on l'a applaudi! disait Caroline. Mais il est fâcheux qu'il ait été mêlé dans cette bagarre.

— Prends le bras de Berthe, dit Sophie à sa sœur;

ce pauvre M. Triballet a l'air d'une âme en peine derrière nous. »

Elle prit familièrement le bras du docteur.

« Monsieur Triballet, dit-elle, vous qui connaissez beaucoup de monde dans la ville, je vous prierai de me rendre un service.

— Je suis tout à vous, mademoiselle, vous le savez.

— On me demande des renseignements sur ce jeune homme qui a chanté aujourd'hui au concert.

— M. Jannois?

— Lui-même.

— Cela sera facile, dit le docteur; mais quels renseignements?

— Sur sa position, sur sa vie privée.

— Il s'agit donc d'un mariage?

— Non, docteur, c'est une affaire d'argent.

— Je ne me fie guère aux apparences, dit M. Triballet, et d'après ce que j'ai entendu dire, M. Jannois est un homme sans ordre, perdu de dettes.

— Vraiment?

— Il se croit appelé à je ne sais quelles destinées; le gaillard est fier, il ne voit pas sa cousine parce qu'elle est débitante de tabac... Il est joueur, et M. Marcillet ne l'a plus revu depuis qu'il a perdu avec lui une douzaine de cents francs.

— Ah! docteur, quel service vous me rendez là!...

— Demain ou après j'en saurai davantage. »

Comme le docteur allait quitter les marchandes de modes à l'entrée de leur rue, on entendit une voix de femme pleine de colère.

« C'est M. Bineau et sa femme, dit Berthe, qui les reconnut à la lueur du réverbère.

—Je vous l'avais bien dit, monsieur, s'écriait madame Bineau, vous allez être la risée de la ville avec vos poésies. J'ai fait attention pendant votre charivari à la figure de M. le préfet dans sa loge. Croyez-vous qu'il était content? Non, il ne l'était pas plus que toutes les personnes qui sont allées là, et qui auraient mieux fait de garder leur argent. Dire que des inventions pareilles sont sorties de votre tête... à votre âge! On me le dirait que je ne le croirais pas si je ne l'avais pas vu. On fait donc payer pour entendre des mirlitons? je n'ai qu'à aller à la foire, et le dernier des paysans en jouera plus agréablement. Et voilà ce que tu fais apprendre à ton fils, à jouer du mirliton! Je t'en donnerai des mirlitons! dit-elle en secouant le petit Bineau, qu'elle traînait par la main. Et ces sauvages de l'école normale qui s'en viennent beugler, pires qu'une étable. Dites-moi un peu, qu'est-ce que ça signifie? Leurs bouteilles cassées, leurs verres, jamais on n'a vu se moquer du public comme ça. C'est une vraie dérision; tout le monde haussait les épaules. Moi, je ne savais comment me tenir : je sentais qu'on me montrait au doigt, parce qu'on sait que vous êtes l'auteur de ce massacre. Si encore vous aviez fait ça en secret, péché caché est à moitié pardonné; pas du tout, vous l'avez mis dans le journal, vous le disiez à tout le monde comme en confidence, et vous seriez monté sur le toit de notre maison pour le crier au son du tambour. Ah! les tambours! ils nous ont assez cassé les oreilles.

— C'est la faute de Louis, s'écria M. Bineau! qui

aurait volontiers porté l'orage sur la tête de son fils.

— Non, ce n'est pas moi, dit le petit Bineau.

— Je ne dis pas que Louis ne soit pas pour quelque chose dans ce charivari, mais toujours est-il que vous êtes le principal auteur.

— Et toi, papa, tu as fait aller le tonnerre quand il ne le fallait pas.

— Comment, s'écria madame Bineau, c'était toi ?

— Oui, dit le petit Bineau, lui et M. Tassin ; ils n'allaient pas en mesure.

— Il ne manquait plus que ça. Est-ce ton état, maintenant ?

— Il n'y avait plus personne.

— Raison de plus ; pourquoi faire ton tonnerre? ta grêle, tes éclairs, ce petit collégien suspendu ?

— Mais, madame, c'est justement à cause de ce malheureux...

— Il aurait pu se tuer, et cela retombait sur votre tête... Ah ! qu'est-ce que M. le préfet va dire ? Je suis sûre que tu n'oseras pas aller à ton bureau demain, tous tes employés doivent rire de toi. Quelle contenance tiendras-tu vis-à-vis de tes inférieurs ?

— Tout cela est de la faute de M. Tassin ! s'écria M. Bineau impatienté ; il m'a forcé de travailler pour ses musiciens...

— Forcé, c'est bientôt dit ; tu n'es donc pas un homme? de quel droit M. Tassin te forçait-il ?

— De quel droit ?... je vais vous le dire. Si Louis n'avait pas jeté le crocodile par la fenêtre...

— Louis, le crocodile ! s'écria madame Bineau ; vous devenez fou, monsieur Bineau.

— Je dis ce que je sais.

— Ce n'est pas vrai, dit le petit Bineau.

— Ah! tu donnes un démenti à ton père; eh bien, madame, apprenez que le neveu des demoiselles Carillon avait été injustement accusé, que c'est notre fils avec un polisson de ses amis qui ont détérioré le crocodile; que cette affaire pouvait aller loin, et que j'ai acheté le silence de M. Tassin en travaillant pour lui.

— Et tu ne me l'avais pas dit plus tôt! s'écria madame Bineau. Tu peux te préparer à recevoir le fouet en rentrant, Louis. »

Le petit Bineau commençait à crier.

« Madame, dit le chef de bureau, on a saisi une dent dans son pupitre. Dis-moi, d'où tenais-tu cette dent? »

Le petit Bineau ne put rien trouver pour sa défense, et paya en rentrant la poésie de son père, et l'insuccès de la symphonie.

IX

La machine infernale. — Le docteur amoureux. — Souffrances du professeur.

Caroline Carillon ne fut pas sans remarquer, dans la huitaine qui suivit le concert combien Sophie était devenue triste; les deux sœurs étaient embarrassées quand leurs regards se rencontraient; elles évitaient de se trouver ensemble. L'aînée des marchandes de modes n'osait communiquer ses impressions au sujet de M. Jannois; elle l'avait trouvé prétentieux, homme à la mode, sans cœur et plein d'une mélancolie travaillée; elle gémissait sur le choix malheureux de Caroline, et elle savait combien seraient inutiles ses conseils, lorsqu'un matin, ne voyant pas descendre sa sœur à l'heure accoutumée, elle monta à sa chambre. Le lit n'était pas défait; cependant les armoires entr'ouvertes, divers objets en désordre la clouèrent sur place; elle pressentit un malheur, et son premier regard fut pour une lettre accrochée à la bordure de la glace, et qui portait pour adresse : *A ma sœur Sophie.* La marchande de modes tressaillit et s'enfuit pour lire la lettre dans sa chambre.

De combien de larmes fut mouillée cette lettre ! « Ma bonne sœur, quand tu trouveras cette lettre, je » serai loin d'ici. Pardonne-moi en pensant que je te » quitte pour que notre affection ne s'éteigne pas. J'ai » senti que tu ne comprenais pas celui que j'aime, et » je l'ai suivi, car il est ma vie tout entière. Je me suis » raisonnée, je me suis trouvée ingrate, mauvaise » sœur, et cependant je pars. Notre ancienne vie à » trois n'était plus possible, et il y avait longtemps » que notre intimité était détruite; adieu l'existence » calme, adieu la tranquillité, adieu mon reste de jeu- » nesse, je sacrifie tout à un homme que j'aime et qui » ne m'aimera peut-être pas longtemps. Le doute est » dans mon cœur, mais l'amour est plus fort que le » doute, et je pars ce soir : tu ne m'as pas entendue, » j'ai été écouter à la porte de ta chambre, et j'aurais » donné dix ans de ma vie pour t'embrasser. Mais la » lampe était allumée, tu veillais peut-être; peut-être » pensais-tu à moi qui pleure d'avance du chagrin que » je vais te donner. Nous partons ensemble par la voi- » ture de minuit; il m'attend à la porte de derrière, et » nous allons à Épernay, où il est nommé à un emploi » dans les postes qui nous permet de vivre simplement. » Quelle est cette puissance qui nous force à faire une » action contre notre gré? J'ai cependant bien lutté; » toute la journée j'ai fait ma malle bien lentement, en » mettant un à un les objets que j'emporte; j'espérais » toujours que je ne mettrais pas le dernier, que j'allais

» descendre les escaliers et me jeter dans tes bras, et
» je n'ai pu lutter. Je pars sans qu'il m'y ait forcée;
» surtout ne lui fais pas de reproches; c'est moi seule
» qui ai tout décidé, qui l'ai poussé à demander son
» changement. Nous avons arrêté longtemps notre dé-
» part, et nous l'avons calculé froidement quand nous
» étions ensemble; mais quand j'étais seule dans mon
» lit, je ne voyais plus que mon ingratitude et la peine
» que je devais en porter. Que diras-tu à Berthe ? Vaut-
» il mieux lui cacher ma fuite ou lui avouer crûment
» ma faute? J'ai pensé à t'envoyer d'Épernay des lettres
» d'où je chasserai le bonheur pour ne montrer que
» mes remords : un tel exemple sous ses yeux, venant
» d'une sœur, lui épargnera peut-être plus d'un chagrin
» par la suite. Et notre pauvre Charles-Marie, que j'ai-
» mais autant que toi, qu'il ne sache rien, qu'il croie
» que sa tante Caroline est en voyage pour longtemps,
» pour toujours... Décidément, il vaut mieux partir;
» cela pourrait se savoir dans la ville, déjà si cruelle
» pour nous. Je me suis enveloppé la figure d'un
» voile épais; la directrice des diligences ne sait pas
» mon nom, elle ne me remettra pas; de ce côté, les
» apparences seront sauvées. Adieu, ma sœur, par-
» donne-moi; n'oublie pas le bon M. Delteil, non plus
» que M. Triballet; embrasse bien mon cher neveu, et
» sois certaine qu'il ne se passera pas une minute de
» ma vie, dans n'importe quelle position je me trouve,
» où je ne pense à toi, dont je vais déchirer le cœur.
» Adieu, Sophie. — *P. S.* Au moment de fermer cette
» lettre, je m'arrête, il en est temps encore; j'ai dix
» minutes à moi, je peux rester auprès de toi, dans

» cette petite chambre qui m'a connue sans désirs,
» lorsque je dormais tranquillement dans mon lit à ri-
» deaux blancs; je n'ose regarder l'aiguille de la vieille
» pendule, qui est tout ce qui me reste de ma mère.
» Ma pauvre mère! aurais-je fait ainsi de son vivant?
» Je n'ose dire oui, car tu as été aussi bonne pour moi
» que ma mère; jamais nous n'avons eu de querelles
» entre nous; tu as toujours supporté les exigences de
» la vie à toi seule, et je te quitte en te faisant un trou
» au cœur... Il vient d'entrer par la porte des remparts;
» je l'entends marcher avec précaution... Il est trop
» tard maintenant pour reculer... Que lui dirais-je?...
» Adieu, Sophie. »

En lisant cette lettre pleine de doutes, Sophie crut qu'elle était à sa dernière heure; elle ne respirait plus; elle ne pouvait pas pleurer; elle lisait chaque phrase et la relisait, en proie à une douleur immense et sourde. Elle voulait partir en poste pour chercher sa sœur, et elle ne pouvait pas se lever de sa chaise; la voix lui manquait avec les larmes; elle resta plus d'une heure dans cet affaissement, dont elle ne sortit que pour se rendre dans la chambre de sa sœur. Elle considéra longuement chaque meuble qui lui semblait plein de souvenirs de Caroline; enfin, elle songea à descendre, après avoir fermé la porte à double tour et avoir pris la clef dans sa poche. Elle rencontra dans le corridor M. Delteil, qui s'en allait gaiement au collége, car il était tout à fait remis, et apportait dans ses actions le bonheur d'un homme revenu à la vie; elle ne fit pas attention au vieux professeur, qui s'était arrêté et qui n'attendait qu'un mot pour donner cours au rayonnement de sa santé; mais M. Delteil fut si déconcerté par l'apparition de Sophie, qui ne lui parlait pas, qu'il osa à peine lui ôter son chapeau, se demandant avec tristesse si sa maladie seulement n'avait pas jeté quelque intérêt sur sa personne.

Le vieux professeur avait un de ces caractères affectueux qu'un rien blesse et qui se renferment en dedans, craignant l'égoïsme des hommes. Souvent, en ouvrant les yeux après un rêve pénible, M. Delteil avait aperçu la douce figure de Sophie qui lui faisait oublier ses mauvaises impressions du corps, produites par la maladie. Alors il lui semblait que son bon ange était auprès de lui, et les réalités de la vie fuyaient de toutes leurs grandes ailes noires pour faire place à des horizons toujours bleus. L'existence n'était plus la même depuis la convalescence de M. Delteil, qui se reprochait naïvement ses mauvais vêtements râpés, son caractère trempé de grec et son isolement dans le monde. Quoique âgé de cinquante ans, il retrouva une jeunesse qu'il n'avait pas dépensée, et il sortit de sa maladie avec la joie d'un bourgeois de Paris, heureux de mettre le dimanche un bouquet de fleurs à sa boutonnière. M. Delteil, pendant sa convalescence, faisait de courtes promenades, entouré des pensées légères qui sautillaient gaiement devant lui. Mais sa rencontre avec l'aînée des marchandes de modes fit l'effet d'un coup de vent sur des lampions d'illuminations. Les feux follets s'envolèrent et laissèrent M. Delteil dans sa vraie position : habillé de noir à l'extérieur et à l'intérieur. Il se retrouva pédant, ne connaissant de la vie que le dictionnaire grec, vivant isolé ; et la cloche du collége, qu'il entendit, lui rappela de sa voix sinistre qu'il fallait recommencer une vie d'éducation pénible.

Dans la cour du collége, M. Tassin se promenait et parlait avec vivacité à un maître d'étude qu'il quitta pour venir droit au professeur.

« Monsieur, lui dit-il, vous avez si mal dirigé vos élèves depuis le commencement de l'année, qu'ils sont devenus insupportables ; non-seulement on n'en peut rien faire, mais ils vont corrompre les autres classes. Ils se sont conduits, pendant votre absence, d'une façon telle que la faute en doit retomber sur votre tête; les inspecteurs de l'Académie de tarderont pas à arriver, préparez-vous donc, monsieur, à recueillir les fruits de votre enseignement. Je vous préviens d'avance que je ne suis pas d'humeur à supporter l'ignorance et la mauvaise conduite de vos élèves; je saurai montrer à MM. les inspecteurs la part que vous avez eue dans leur éducation ; pour moi, j'ai des élèves dont je peux me reconnaître avec orgueil le chef. »

M. Delteil, la tête basse, n'osant répondre, se dirigea vers sa classe, plus triste qu'un prisonnier qui entrevoit la porte d'un cachot. Cependant, la vue de ses élèves fit plaisir à M. Delteil; quoiqu'il n'y eût jamais de sympathie entre eux, le professeur était heureux de revoir les murs blancs de la classe, les bancs de bois noir, les pupitres couverts de noms et de dessins grossiers taillés profondément avec le canif. Combien M. Delteil eût été plus heureux si ses élèves étaient venus l'embrasser, lui demander des nouvelles de sa santé, montrer enfin qu'ils se souvenaient! Les collégiens se souvenaient, mais des mauvais tours qu'ils avaient joués à leur maître, et un sourire malicieux glissa sur toutes les figures à l'entrée de M. Delteil. Le seul souvenir que le professeur recueillit fut un immense portrait d'après lui, crayonné au charbon, qui se dressait au-dessus de la chaire.

Pendant l'absence du professeur, les élèves avaient imaginé de nouvelles combinaisons très-rusées, de manière à dérouter les surveillants les plus clairvoyants; c'étaient des petits chemins couverts et en pente construits dans les pupitres, qui formaient des sinuosités, et sur lesquels on lançait des billes qui roulaient d'abord sourdement, grondaient, retombaient avec un bruit aigu sur des morceaux de verre ou d'ardoise, et disparaissaient comme par enchantement. Cette opération se faisait sans qu'on vît agir l'opérateur : le couvercle de son pupitre était fermé, il semblait étudier avec la plus grande attention; tout à coup, au moyen d'une ficelle cachée dans un angle, il lâchait les billes, et le tapage commençait d'un bout de la classe à l'autre, semblant partir d'un pupitre voisin, continuant dans un autre et recommençant à un endroit opposé.

Ainsi fut salué M. Delteil une heure après son arrivée; dans le premier moment il ne se rendit pas compte de cette *mécanique* et lança divers *chut* auxquels n'obéissaient pas les billes. Après avoir bien écouté ce singulier tapage, M. Delteil appliqua tous ses efforts à découvrir au moins un coupable, et il aperçut Bineau qui venait de remettre ses billes dans son pupitre et qui se disposait à les lâcher sur la pente inclinée; le professeur guetta le moment en feignant une grande application à la lecture, et sortit tout à coup de sa chaire, juste quand les billes lancées contre un morceau de verre ne permettaient pas de se tromper. A son grand étonnement, M. Delteil trouva Bineau tout disposé à lui ouvrir son pupitre; rien ne paraissait au premier coup d'œil, et le professeur crut que son oreille l'avait trompé, mais le roulement continuait, pour ainsi dire, sous sa main; d'un geste de colère, M. Delteil donna un coup dans la muraille de livres qui garantissait cette nouvelle industrie. La chute des livres amena la découverte d'un petit couloir parfaitement établi, qui conduisait à un morceau de glace placé plus bas, pour se perdre dans un autre chemin formant un angle opposé, construit dans le système des allées de jardin anglais. Quant aux billes, il n'y en avait nulle trace; au bout de cette montagne russe était un trou pratiqué dans le pupitre, communiquant à un second trou dans la table. Les billes s'échappaient ainsi, et étaient prises par la main d'un complice, ce qui permettait de nier le crime.

Pendant que M. Delteil faisait cette fouille, y apportant l'ardeur d'un douanier à la frontière, une autre *mécanique* se faisait entendre à quelques pas de là; le professeur, désespéré et ne trouvant pas de traces positives, remonta dans sa chaire, se demandant s'il ne devait pas quitter une classe si déréglée; cependant, deux des plus mauvais élèves étaient partis, Robert et Dodin, dont le dernier avait été victime de sa gourmandise. M. Robert avait trouvé économe d'habiller son garçon presque des pieds à la tête avec la soutane d'un curé, son parent, mort récemment. Dans cette soutane, un tailleur avait coupé un pantalon, un gilet, une casquette et un petit collet que M. Robert appelait pompeusement manteau. Mais les camarades de Robert avaient deviné à l'usure de cette étoffe, déjà légère dans son origine, et plus tard changée en toile d'araignée, qu'elle provenait de la succession. Le pantalon, le gilet et la casquette furent taillés avec prodigalité, dans la crainte d'une croissance prochaine de Robert; mais le tailleur avait dissipé follement cette pauvre étoffe, n'ayant nul souci d'en garder un morceau pour lui, comme il arrive d'habitude; aussi, quand M. Robert déclara qu'il voulait encore un manteau pour son fils, le tailleur frémit. Il ne restait plus que quelques mauvais fragments usés et fatigués; cependant, en les cousant les uns au bout des autres, le tailleur parvint à dresser un petit collet qui arrivait au milieu du dos de Robert. Les collégiens ont l'habitude de tomber à grands coups de poing sur les épaules de leurs camarades qui ont un habit neuf; ils prétendent par là *rabattre les coutures.*

Quoique la soutane du défunt curé eût vu le jour depuis près d'un quart de siècle, les collégiens profitèrent de sa conversion en petit collet pour laisser Robert à moitié mort sous leurs coups dans la cour. Ce châtiment infligé au rapporteur ne suffit pas : tous les jours, quand il arrivait avec son panier sous le bras, dépassant de beaucoup le fameux manteau, Robert était accueilli de cris, de huées méprisantes qui s'adressaient à ses habits autant qu'à sa personne; on l'avait surnommé M. le curé, car les enfants ont un flair merveilleux pour deviner ces sortes de mystères dans les vêtements. Dodin fut également victime de l'héritage du curé, qui avait laissé en mourant une collection de liqueurs dont le petit Robert ne parlait qu'en ouvrant des yeux immenses. Voulant se ménager un allié au milieu de tous ces ennemis, Robert prit Dodin par la gourmandise et l'engagea à venir goûter d'un fameux brou-de-noix dont il avait découvert la retraite dans les hauteurs d'une armoire. Dodin accepta gaiement la partie; et les jeudis, pendant que M. Robert père était sorti, Dodin grimpait à l'armoire et descendait avec précaution la bouteille de brou-de-noix; mais un jour, étant juché de la sorte, Dodin entendit M. Robert qui rentrait. La frayeur de son camarade le prit; il se laissa tomber du haut de l'armoire avec la bouteille et se donna une violente entorse qui le tint trois mois sur une chaise. Le fils reçut une forte correction de son père pour avoir participé à ce crime; mais la colère de M. Robert fut bien plus grande quand le collet disparut, noyé dans le puits du collége par les élèves qui en voulaient à la défroque du curé. Indigné, M. Robert retira son fils du collége et l'envoya à la pension Tanton.

A part ces deux élèves, M. Delteil retrouva sa classe complète et dans les mêmes dispositions de travail. Larmuzeaux avait déposé les galons de tambour-major et se livrait alors à l'éducation d'un hibou qu'il tenait soigneusement enfermé dans son pupitre. Sa mélancolie semblait encore augmenter par ses relations continuelles avec cet oiseau, à qui il adressait des discours tendres. De vieilles viandes qu'il achetait à la cuisinière du collége, des grenouilles qu'il rapportait de ses promenades, remplissaient son pupitre d'une odeur de ménagerie; et plus d'une fois M. Delteil écarquilla son nez en entrant dans la classe, ne comprenant pas d'où pouvaient provenir ces mauvaises senteurs. Le mystère ne lui en fut que trop cruellement révélé.

Lagache, toujours en train de jouer quelque tour à son voisin Larmuzeaux, saisit un moment favorable pour lui enlever les clefs de son pupitre. Larmuzeaux, inquiet, crut avoir perdu ses clefs dans la cour et demanda la permission de sortir ; à peine était-il dehors, que Lagache sortit le hibou du pupitre et l'envoya dans la direction de la chaire. M. Delteil, fort occupé, leva la tête en entendant un bruit particulier, et poussa un cri de terreur en voyant le hibou qui venait de se poser gravement sur ses papiers.

« Chassez cet oiseau ! » s'écria-t-il d'une voix pleine de crainte.

Les élèves jouèrent la frayeur et en profitèrent pour se lever de leurs bancs, se pousser, se jeter à terre et pousser des cris. Sous le prétexte de chasser le hibou, ils se lancèrent à la tête leurs dictionnaires, leurs livres, leurs cahiers. M. Delteil répétait : « Chassez cet oiseau ! » avec la voix lamentable d'un homme qui se noie. Quand la réflexion lui vint au milieu de ce désordre, il commanda d'ouvrir la porte de la prison qui donnait dans la classe ; mais personne n'obéissant, il se décida à exécuter ses propres ordres. Le hibou, pourchassé de partout, entra naturellement dans la prison ; mais Lagache et Bineau, sous prétexte de craindre qu'il ne s'enfuît, poussèrent la porte de telle façon, que M. Delteil fut enfermé avec le hibou.

Larmuzeaux, qui revenait sans avoir trouvé ses clefs et qui se doutait de quelque machination, trouva la classe tout entière se donnant la main et étouffant dans le tapage d'une ronde frénétique les gémissements du professeur. Il courut à son pupitre, leva le couvercle, et s'aperçut de la disparition de son oiseau.

« Où est-il mon hibou? » demanda-t-il.

On lui montra du doigt le cachot; en un clin d'œil il fut poussé vers la porte en subissant l'impulsion de tous les collégiens réunis, et jeté en prison avec M. Delteil. Une ardeur de démon avait gagné les élèves, qui se sentaient enflammés comme des gamins de Paris construisant une barricade. Les uns s'acculaient à la porte de la prison, craignant qu'elle ne cédât aux efforts désespérés de M. Delteil et de Larmuzeaux; les autres s'emparaient des pupitres, traînaient les bancs et soulevaient les tables pour les caler contre la porte de la prison. Tous criaient comme des sauvages en délire, se grisant au tumulte pour éteindre un droit sentiment de discipline. Par l'ouverture de la porte on voyait passer tantôt le nez du professeur, tantôt sa main qui essayait encore à dominer l'insurrection; mais la révolte était au comble. Cucquigny était monté dans la chaire et prononçait avec mille grimaces le fameux sermon macaronique:

« Prêchi, prêcha, la queue du chat... »

Pour empêcher que la vue des prisonniers ne rappelât les élèves au devoir, Canivet lançait par cette ouverture tout ce qui lui tombait sous la main, encriers, plumes, papiers et livres.

On entendit des coups secs et impératifs à la porte de la classe; aussitôt un profond silence régna; Charles-Marie, qui était resté spectateur muet de cette scène, alla ouvrir. M. Tassin entra. D'un coup d'œil, il remarqua la chaire vide, les amas de bancs et de pupitres contre la porte de la prison, la pâleur des élèves baissant leurs yeux vers la terre. Des gémissements sourds sortaient du cachot; sans dire un mot, le principal alla à la prison, l'ouvrit, en jetant de côté les pupitres, et M. Delteil sortit aussi défait que Larmuzeaux qui avait reçu un encrier à la figure. Le professeur raconta, non sans émotion, que les élèves avaient lâché méchamment un hibou dans la classe. M. Tassin dit d'une voix terrible : Si quelqu'un bouge pendant mon absence, il aura affaire à moi.

Pendant les cinq minutes qui suivirent sa sortie, les élèves se seraient volontiers prosternés aux pieds de M. Delteil; mais le principal revint accompagné du portier Paterculus. Il fit l'appel des élèves, les rangea sur une seule ligne et dit au premier de sortir. On entendit alors dans le couloir des cris violents, des pleurs et des supplications; puis M. Tassin reparut et désigna une nouvelle victime. Quand huit élèves eurent ainsi passé par les mains du terrible portier, qui faisait les fonctions de bourreau et distribuait le fouet aux collégiens, la vengeance du principal s'arrêta.

M. Delteil sortit de sa classe, tout ému de cette correction, qui lui avait produit plus d'effet encore que la rébellion des élèves.

« Il n'est pas nécessaire de parler à mademoiselle Sophie de ce qui est arrivé aujourd'hui, » dit-il à Charles-Marie.

Telle était sa recommandation quand il lui était arrivé quelque événement pénible en classe; et Charles-Marie n'en disait rien, semblant comprendre que le vieux professeur était honteux des humiliations qu'il supportait patiemment, mais qu'il craignait de montrer au grand jour. Si M. Delteil n'eût pas promis à l'aînée des marchandes de modes de veiller à l'éducation de son fils, il aurait quitté depuis longtemps le collége de Laon, car il se sentait incapable de régenter ses élèves : il raisonnait sa faiblesse d'esprit et de corps, se rendait compte des moyens à employer pour obtenir la tranquillité, et était incapable de mettre à exécution ses théories. Quand il s'était bien sermonné au dedans et que sa conscience l'avait battu, M. Delteil se sauvait dans les nuages d'un avenir lointain, où il entrevoyait, plus beau qu'un palais des *Mille et une Nuits*, son grand dictionnaire édité par les Didot, discuté dans le *Journal des Savants*, et lui ouvrant peut-être les portes de l'Institut. Qu'était-ce en comparaison que des révoltes de collégiens malicieux?

En passant par le couloir qui mène au second étage, M. Delteil aperçut par le vasistas M. Triballet dans la boutique des marchandes de modes ; le médecin était pâle, contre son ordinaire, et semblait livré à une émotion extraordinaire chez un gros homme. Sophie Carillon venait d'annoncer au docteur qu'elle avait l'intention de vendre sa maison de commerce pour quitter Laon et se retirer dans une autre ville. Comme cette nouvelle fut précédée de détours de conversation qui pronostiquaient une nouvelle fâcheuse, M. Triballet, tout en écoutant d'une façon inquiète, avait saisi une paire de ciseaux et se rognait les cheveux, suivant son habitude; mais l'annonce du départ fut telle, qu'il se prit l'oreille avec les ciseaux et poussa un cri. Le mal n'était pas grand, heureusement; M. Triballet eut honte de son émotion, et demanda à Sophie ce qui pouvait la forcer à prendre une si singulière résolution. Elle allégua d'abord le triste commerce qu'elle faisait sans arriver à autre chose qu'à vivre au jour le jour; elle resterait dix ans de plus dans sa maison qu'elle n'économiserait pas un sou. Elle voulait assurer une position à Berthe; son désir était de la marier. M. Triballet hochait la tête, discutait les raisons de mademoiselle Carillon, et lui prouvait qu'elle avait tort, qu'un peu d'argent, après tout, suffirait pour relever la maison de modes, et qu'il connaissait quelqu'un qui se ferait un plaisir d'offrir un placement sans gros intérêt à des personnes qui méritaient toute considération.

« Vous êtes un homme de bon conseil, monsieur Triballet, dit Sophie Carillon, vous vous êtes intéressé à nous plus que personne, et je m'en voudrais de vous cacher quelque chose de notre triste situation. Tenez, lisez; et vous me direz si j'ai raison de quitter Laon. »

En même temps, elle lui tendit la lettre de sa sœur, qu'elle portait constamment et qu'elle relisait sans cesse. Le docteur poussa des exclamations sans nombre en déchiffrant avec peine certains mots dont l'encre se perdait dans des contours ronds et effacés et qui accusaient des traces de larmes. Quand M. Triballet eut fini de lire, il n'osa plus relever la tête, car il sentait que Sophie pleurait, et que des paroles banales de consolation font plus de mal que le silence. Il relut la dernière page de la lettre pour allonger le chemin et chercher pendant cette fausse lecture le moyen de raffermir le courage abattu de la marchande de modes. Il ne trouva qu'un serrement de main à lui donner; mais ses gros yeux étaient tellement remplis de compassion, que Sophie lui sut gré de n'avoir pas parlé.

Après quelques moments de silence, Sophie continua; elle dit à M. Triballet que toute la ville ne tarderait pas à connaître la fuite de sa sœur, qu'il ne lui était pas possible de se sentir entourée de la malignité publique; que déjà elle et ses sœurs en avaient été atteintes cruellement, qu'il ne lui restait plus que le parti de vendre sa maison, et qu'elle espérait que le docteur voudrait bien s'en charger, attendu qu'elle ne resterait plus guère qu'un mois, juste assez de temps pour vendre son fonds de boutique et mettre ordre à ses affaires. L'émotion de M. Triballet était très-grande ; il ouvrait la bouche et ne disait rien; il semblait qu'il allait faire une confidence par le ton dont il disait : « Ma chère demoiselle, » et il s'arrêtait. Tantôt il se levait comme pour secouer les paroles qui dormaient en lui, et il se rasseyait sans rien dire. Enfin, embarrassé de sa contenance, il sortit en prévenant mademoiselle Carillon qu'il reviendrait le soir; mais il le dit de telle sorte, qu'on aurait pu croire à un grand mystère.

En passant sur la place du Bourg, il aperçut le mari de madame Marcillet la jeune qui était, suivant son habitude, devant sa porte, une longue pipe de terre à la bouche et la soutenant avec sa main. M. Marcillet ne quittait jamais ni sa porte ni sa pipe : froid et l'air dédaigneux, il parlait à peine et ne parlait que pour dire une méchanceté ; il savait tout ce qui se passait dans la ville et hors la ville; il voyait arriver tous les étrangers, par la position de sa maison au centre de Laon ; il était riche, n'avait jamais rien fait et passait son temps à fumer. Quand il pleuvait, il se réfugiait sous la porte cochère, et quand il faisait beau, sortait seulement de quelques pas et se tenait aussi raide que les militaires à longues pipes qu'on voit sculptés en bois colorié dans les anciens débits de tabac. Le fumeur fit un simple clin d'œil à M. Triballet, qui s'approcha de lui.

« Eh bien ! dit M. Marcillet, la seconde des demoiselles Carillon est partie il y aura demain quatre jours avec M. Jannois de la poste. »

Le docteur frémit en voyant dans la circulation cette nouvelle que l'aînée des demoiselles Carillon prenait tant de peine à cacher.

« Peuh ! dit le fumeur, il reste encore deux sans-hommes. »

Et il secoua la cendre de sa pipe. M. Triballet resta cloué sur place en entendant cette variante d'un calembour qui avait déjà tant fait souffrir l'aînée des marchandes de modes. Le docteur ayant repris courage, regarda M. Marcillet, qui avait bourré et allumé une nouvelle pipe, et qui ne semblait plus avoir un mot à dire. Le fumeur fit un nouveau clin d'œil au docteur, qui s'en alla l'esprit encore plus tourmenté qu'en lisant la lettre de Caroline Carillon.

M. Triballet, contre son habitude, erra toute la journée par les rues, sur les promenades, épiant les figures des promeneurs désœuvrés. Comme il connaissait toutes les personnes de la ville, il s'approcha de ceux qu'il rencontrait.

« Qu'y a-t-il de nouveau ? » demandait-il.

Il espérait et il frémissait en même temps d'entendre parler de la fuite de mademoiselle Carillon ; car cette nouvelle devait avoir été répétée par M. Marcillet autant de foisqu'il fumait de pipes. Mais le docteur entendit parler du vent, des récoltes, de la vigne, des gelées blanches, et fut certain que M. Marcillet n'avait encore rien dit. La nouvelle et le calembour n'étaient encore tirés qu'à un exemplaire. M. Triballet se demanda si le fumeur n'avait pas voulu lui faire une méchanceté personnelle en lui apprenant cette fuite et ce jeu de mots, car on n'ignorait pas dans Laon les habitudes de causeries amicales qu'avait prises depuis longtemps le docteur chez la marchande de modes. Cependant une nouvelle aussi importante est un événement dans la vie d'un bourgeois : ses occupations consistent à la répandre. Pouvait-on penser à l'arrêter dès le début ? pouvait-on couper la racine de ce calembour qui allait porter un nouveau coup à mademoiselle Carillon ? Le docteur se faisait ces réflexions sans arriver à rien de concluant.

Vers le soir, Sophie Carillon fut tout étonnée de voir entrer chez elle M. Pelletier, qui est le principal notaire de Laon, et qui lui demanda de lui parler à part. Sophie fit passer le notaire dans la salle à manger, lui avança une chaise et lui demanda ce qui lui valait l'honneur de sa visite.

« Mademoiselle, dit le notaire, je suis envoyé par M. le docteur Triballet, qui m'a chargé d'une mission fort délicate. Veuillez donc, je vous prie, me prêter votre attention, et dites-vous que ce n'est pas un notaire qui entre chez vous, mais un ami de M. Triballet. Votre maison de commerce est à vendre, mademoiselle ; le docteur vous l'achète comptant dix mille francs. »

— Oh !... monsieur ! s'écria la marchande de modes,

c'est un service que je ne saurais accepter; ma maison ne vaut pas cette somme... elle a été payée quatre mille francs par ma mère, et depuis ce temps il y a bien des réparations...

—Pardonnez-moi, mademoiselle, la porte de Vaux sera reconstruite, la montagne aplanie quand les ressources de la ville le permettront. Alors les voitures de roulage, les diligences passeront par Vaux et donneront à votre rue un mouvement nouveau et une certaine activité commerciale. Le conseil municipal vient de voter les fonds nécessaires pour la construction d'un nouvel hôtel de ville; la ruelle qui est derrière votre maison sera convertie en une rue plus propre et plus accessible aux passants. Votre maison est vieille, il est vrai, mais vous avez le droit d'y faire des réparations au dedans et au dehors, comme vous l'entendrez, car elle est sur l'alignement... Vous voyez bien que dix mille francs ne sont pas une somme bien exagérée et que M. Triballet ne fait pas un mauvais marché; mais ce n'est pas tout, dit le notaire en étudiant la figure de Sophie Carillon, qui était étonnée au possible. J'aime mieux vous dire la chose franchement, un peu brutalement même. Mon ami le docteur ayant assez vécu avec vous pour reconnaître vos belles qualités, m'a chargé de vous demander en mariage...

— Moi! s'écria Sophie.

— Oui, mademoiselle, M. Triballet veut vous épouser, et sera au comble du bonheur si vous daignez accepter sa main.

— C'est impossible, monsieur, dit Sophie tristement.

— Je vous en prie, mademoiselle Carillon, ne parlez

pas aussi vite... vous ne savez pas combien vous serez heureuse avec un homme qui vous a aimée depuis le premier jour où il vous a vue, et qui s'est tenu si longtemps dans un silence timide, craignant d'être refusé. Il m'attend chez moi dans une agitation extrême : jamais je n'aurais cru que le docteur pouvait couver une si forte passion : c'est un jeune homme; il m'a prié avec des instances de me charger de cette mission... Ah ! si vous l'aviez entendu... Il ne vit plus ; il est fou de vous, mademoiselle; il gardait son secret depuis trop longtemps pour qu'il n'éclatât pas un jour avec passion... Il est riche, sans parents; vous le connaissez, il est bon, dévoué, sans vices; ne le refusez pas, mademoiselle. A son âge, un amour repoussé conduit bien loin; il a arrangé une vie heureuse en comptant sur vous. Qu'avez-vous à redire au docteur? Il n'est plus jeune...

— Oh! dit Sophie, ce n'est pas cela... mais...

— Il est à vos ordres ; il vous reconnaîtra en mariage un apport de cinquante mille francs. Si vous désirez quitter la ville, il vous suivra où vous voudrez; enfin, madame, permettez-moi de vous donner ce titre, je ne crois pas qu'à moins d'une autre inclination, vous puissiez trouver un motif convenable de refus...

— Que je suis malheureuse! s'écria Sophie; c'est impossible; dites-le bien à M. Triballet, dites-lui combien j'aurais été fière et heureuse de m'unir à lui ; dites lui combien je suis reconnaissante de tout ce qu'il a fait pour moi; mais que des raisons que je ne peux pas confier m'empêchent de me marier.

— Je ne sais comment retourner vers mon ami, dit le notaire; j'ai applaudi à ses projets, je l'ai encouragé dans ses idées de mariage; je venais chez vous, mademoiselle, avec confiance, et il faut maintenant que j'aille d'un mot détruire les rêves du docteur... jugez de ma situation... pourquoi me suis-je chargé de cette mission? pourquoi n'est-il pas venu?

— Oui, dit Sophie, pourquoi n'est-il pas venu?

— Écoutez, mademoiselle, par pitié pour le docteur, ne me forcez pas de lui porter ce refus brutal... Laissez-le venir quelque temps encore; ne dites ni oui ni non, et préparez-le à l'idée de l'impossibilité de ce mariage.

— Certainement, dit Sophie, je ferai tout mon possible pour épargner le plus petit chagrin à M. Triballet... Vous voyez que je pleure, monsieur, je ne peux m'en empêcher... Le docteur a toujours été pour moi comme un père, et je ne peux pas lui rendre son affection.

— Vous aimez quelqu'un, mademoiselle.

— Non, monsieur, je suis libre, et cependant je ne peux pas me marier.

— Qu'est-ce que je vais dire au docteur? dit le notaire. Faut-il lui dire de venir?

— Oui, monsieur.

— Mais il va croire que j'ai réussi dans ma mission.

— Oh! monsieur, ne lui donnez pas la moindre espérance; dites-lui que je n'ai rien voulu entendre d'un étranger. »

Quand M. Triballet entra chez la marchande de modes, elle fut étonnée du changement que les diverses émotions de la journée avaient apporté sur sa physionomie; le docteur entra presque à reculons, tant il était inquiet de la réponse de son ami le notaire. Il fut encore plus embarrassé en trouvant Sophie dans un grand fauteuil, passant ses mains dans les boucles blondes de Charles-Marie, qui était assis à ses pieds, sur un petit tabouret. Le silence le plus profond s'établit à la place de la conversation ; M. Triballet passait la main dans ses cheveux, croisait et décroisait ses jambes: Sophie elle-même était mal à son aise.

« Il apprend sa leçon, dit le docteur en montrant Charles-Marie qui lisait.

— Oui, docteur.

— Il fait bien de travailler, dit M. Triballet; et comme il était peu éloigné de l'enfant, il l'embrassa.

— Est-ce que vous l'aimez un peu ? demanda Sophie.

— Beaucoup, mademoiselle. »

La conversation resta suspendue quelques minutes ; chaque seconde qui s'écoulait augmentait l'embarras de Sophie et du docteur ; aucun d'eux n'osait aborder le grave sujet qui agitait leur esprit; par un effort suprême, la marchande de modes rompit le silence qui donnait au battant de la pendule la proportion d'un grand bruit.

« J'ai vu M. Pelletier, dit-elle, il m'a fait part de vos intentions, docteur; vous dire combien je suis reconnaissante m'est impossible... Jamais je n'oublierai vos offres délicates, monsieur Triballet ; mais la situation dans laquelle je me trouve ne me permet pas d'accepter aujourd'hui une position qui eût fait mon bonheur.

— Et plus tard, dit le docteur, me permettez-vous d'espérer ?

— Si l'avenir de ma pauvre Caroline était assuré, si

je n'avais pas à veiller sur elle, sur l'éducation de mon neveu que j'aime...

— J'attendrai, ma chère demoiselle, j'attendrai, dit le docteur ; quel soulagement vous me donnez ! Dites-moi six mois, un an, n'importe, ce sera un an de pensées heureuses en songeant à vous.

— Je ne peux pas, docteur, vous donner de terme ; vous le savez, je veux vendre ma maison, aller rejoindre Caroline et essayer d'assurer sa vie, ensuite je verrai. »

M. Triballet poussa un soupir.

« Ce ne sont guère des promesses certaines, dit-il.

— Cher docteur ! que feriez-vous d'une femme comme moi, toujours souffrante, triste et apportant dans votre intérieur la mélancolie plutôt que le bonheur ?

— Oh ! mademoiselle Sophie, vous ne dites pas vos qualités ; vous vous peignez désagréable parce que vous ne voulez pas de moi... je vous connais depuis longtemps, et jamais je n'ai entendu sortir une parole amère de votre bouche ; vous êtes bienveillante pour vos amis ; un simple mot de vous les rend meilleurs... Je vis depuis longtemps, depuis trop longtemps peut-être, car à mon âge il est fou d'aimer une personne qui se soucie peu d'une vieille tête grise ; jamais je n'ai rencontré une femme aussi simple, aussi modeste et aussi bonne que vous, mademoiselle. »

Alors Sophie s'aperçut qu'elle avait donné un mauvais tour à la conversation et qu'il lui serait difficile de briser d'un coup les rêves du docteur ; ce qu'il lui fallait, c'était de gagner du temps en laissant entrevoir à M. Triballet une espérance lointaine.

« Mais, mademoiselle, je réfléchis et je ne me rends pas compte pourquoi mademoiselle Caroline est un obstacle à mon bonheur... vous me cachez le véritable motif... parlez-moi franchement? Faut-il que je ne vous revoie plus.

— Ah! docteur! que vous êtes enfant! Mais vous devez comprendre combien je suis inquiète du sort de ma sœur; si elle avait rencontré un homme dévoué qui l'aimât... mais qui sait si déjà elle n'est pas abandonnée? Où la poussera son désespoir? Si j'étais auprès d'elle, je la consolerais, je la ramènerais désolée, mais elle ne me quitterait pas... là-bas, dans une ville où elle ne connaît personne...

— Ma chère demoiselle, dit le docteur, je n'ai pas vu tout cela dans la lettre de votre sœur...

— Je le devine, dit Sophie; ma sœur aime pour la première fois, et déjà le doute cruel traverse toutes ses pensées; je n'étais pas ainsi...

— Vous! s'écria M. Triballet.

— Oui, docteur, j'ai aimé malheureusement dans ma jeunesse. »

Elle lui parlait à voix basse pendant que Charles-Marie s'était échappé dans la boutique pour lire à la lueur de la lampe.

« Le voilà mon fils! » s'écria-t-elle en courant prendre dans ses bras Charles-Marie, qu'elle embrassait pour cacher ses larmes.

M. Triballet était resté anéanti sur sa chaise.

« Comprenez-vous, lui dit-elle, pourquoi je ne puis accepter d'être votre compagne?

— Quel est l'homme ? demanda brusquement le docteur, dont les paroles restaient dans la gorge.

— Il ne sait pas si j'existe, dit Sophie.

— Mademoiselle, dit M. Triballet, voulez-vous que je serve de père à votre fils ? »

Sophie prit la main du docteur, qui ne put résister à une émotion si violente et qui ferma les yeux. Berthe rentrait, et trouva Sophie brisée par les sensations de la soirée ; bientôt le docteur sortit, voulant rafraîchir à l'air pur de la montagne sa tête brûlante et empourprée.

Quelques jours après, on reçut à l'adresse de M. Delteil une lettre magistrale, avec cachet de l'Université et enveloppe grise ; Sophie ne fit qu'un bond de sa boutique à la chambre du professeur, afin de lui porter plus vite le précieux paquet. M. Delteil était tristement appuyé sur sa table, devant ses papiers, regardant avec amertume les épreuves du dictionnaire ; il était ainsi depuis qu'il avait rencontré Sophie le lendemain du départ de sa sœur. Le professeur attribuait à la froideur, et non à la tristesse, la manière dont la marchande de modes avait passé auprès de lui sans lui dire un mot. Les natures souffrantes deviennent sensibles à l'excès et se blessent d'une feuille de rose pliée ; cependant, à la façon dont Sophie entrait, M. Delteil fut heureux comme s'il avait vu un rayon de soleil.

« Voilà une bonne nouvelle, dit Sophie en lui présentant la lettre officielle ; je gage que c'est votre nomination...

— C'est bien possible, dit M. Delteil en prenant la lettre. Mademoiselle, je vous prie, restez un moment...

— Je vous empêche de lire, dit-elle, voyons, lisez. »

M. Delteil mit ses lunettes, lut et s'écria :

« Destitué !...

— Destitué ? reprit Sophie, ce n'est pas possible.

— Lisez, mademoiselle. »

Sophie parcourut la lettre du recteur, qui annonçait que l'Académie venait de mettre à la retraite, aux vacances prochaines, M. Delteil, régent de septième.

« Ç'a été mon seul moment d'ambition, mademoiselle Sophie, de demander la chaire de sixième, et l'on m'en punit bien. J'ai eu tort, on ne pensait pas à moi, j'étais oublié... Allons, dit-il avec une feinte gaieté, il faut prendre son parti, n'est-ce pas, mademoiselle?... Bah ! on peut encore vivre très-heureux avec la petite retraite... »

Mais l'accent du vieux professeur démentait ses paroles, et Sophie n'en fut pas la dupe.

« Quel malheur ! dit-elle, et c'est pourtant moi qui en suis la cause... comme vous devez m'en vouloir !

— Moi, mademoiselle, vous en vouloir ! ces messieurs ont eu raison ; je ne suis plus bon pour l'enseignement et je ne l'ai jamais été... c'est mon dictionnaire qui a mangé ma vie... et dire que je ne pourrai peut-être pas le terminer... Mais je cause, je cause, il est deux heures, je suis en retard ; on m'a destitué, c'est vrai, mais dans un mois seulement. »

Il était réservé à M. Delteil de boire le calice jusqu'à la lie ; depuis l'aventure du hibou, les élèves s'étaient tenus tranquilles ; cependant leur imagination s'était tournée d'un autre côté. La fête de M. Tassin fut saluée par un feu d'artifice tiré par les élèves de rhétorique, qui répandit l'amour de la poudre jusque dans les dernières classes. Les pensionnaires convertirent leur argent en petits canons, en soldats de plomb et en poudre, malgré la défense du principal. Canivet, à force de rêver, trouva un moyen économique de remplacer les petits canons de cuivre, qui coûtaient cher et qui ne produisaient qu'une décharge médiocre : ce fut de serrer un peu de poudre dans une première enveloppe de parchemin ficelé avec soin, puis d'entourer de papiers cette première enveloppe, de la reficeler, et de recommencer jusqu'à ce qu'il eût obtenu une bombe épaisse dans laquelle il pratiqua une lumière avec un poinçon. Au moyen d'une assez longue mèche d'amadou, celui qui mettait le feu à cette bombe avait le temps de se retirer. Un matin, pendant la classe, M. Delteil flaira une vague odeur d'amadou qui ne pouvait partir que de sa classe : habitué à toutes les cuisines de ses élèves, il descendit de la chaire, fureta dans tous les pupitres. Tout à coup une énorme explosion fit trébucher la chaire; M. Delteil et ses élèves poussèrent un même cri, car le fond de la chaire venait de voler en éclats, et en même temps la chaire du professeur avait été lancée au milieu de la classe.

M. Tassin mit à la porte du collége Canivet, qui avait compromis la vie de M. Delteil et de ses élèves; mais, quoique ce dernier coup eût rempli de terreur le professeur, qui n'entrait en classe qu'avec défiance, là n'étaient pas ses chagrins. Sophie Carillon était partie en voyage voir sa sœur; elle revint sans la ramener, l'ayant trouvée heureuse encore; mais la maison de la marchande de modes prit un nouvel aspect. M. Triballet ne la quittait plus; et un jour Sophie annonça au professeur son mariage avec le docteur et son prochain départ de Laon.

M. Delteil monta à sa chambre sans dire un mot : il voyait clair pour la première fois. Il n'osait se rendre compte qu'il aimait la marchande de modes; peut-être n'en eût-il pas eu la révélation sans l'annonce de ce prochain mariage. Son cœur se serra, et il comprit qu'il avait un cœur; il fut pris de larmes, de colères comme un jeune homme. Enfin il tomba sur son lit, anéanti, dévoré de passions nouvelles et jalouses. Il resta deux jours sans sortir, ne dormant pas, ne mangeant pas, oubliant la nuit et le jour; il avait fait un tas de ses papiers, de ses épreuves, et les avait mis dans un coin. Il serait mort ainsi, lorsqu'il entendit la voix de Sophie qui, ne le voyant pas reparaître, était inquiète. Cette voix douce qu'il avait oubliée le rappela à la vie; il alla ouvrir, autant que le lui permettait sa faiblesse.

Sophie entra, tenant son fils par la main.

« Mon bon monsieur Delteil, lui dit-elle, nous quittons Laon dans huit jours avec mon mari. Voulez-vous rendre mon bonheur complet? Promettez-moi de m'accorder ce que je vous demanderai? »

M. Delteil hésita; mais il ne pouvait rien refuser à la voix qui le rappelait à la vie.

« Voulez-vous vivre en famille avec nous et vous charger de l'éducation de Charles-Marie? »

NEUILLY. — Printemps de 1852. CHAMPFLEURY.

FIN.

TABLE.

FIN DE LA TABLE.

Paris. — Typographie de Morris et Comp., 64, rue Amelot.

www.ingramcontent.com/pod-product-compliance
Ingram Content Group UK Ltd.
Pitfield, Milton Keynes, MK11 3LW, UK
UKHW031838260826
14628UKWH00001B/455

9 782019 692698